信長の謀計

桶狭間合戦の真相

太田輝夫
OHTA Teruo

文芸社

はじめに

桶狭間合戦では、大軍で攻めてきた今川義元が、少人数の織田信長軍に討たれている。通説では二万五千の今川軍を、信長は二千の兵で破ったとする。信長はどのようにして十倍以上の義元軍を破ることができたのであろうか、その理由を知りたい。

旧陸軍参謀本部は明治三十一年（一八九八）に刊行した『日本戦史桶狭間役』で、北へ大きく迂回した典型的な奇襲戦としていて、永く定説として信じられてきた。

ところが昭和五十七年（一九八二）に藤本正行氏により「正面攻撃説」が唱えられた。

《信長には作戦はなく、奇襲ではなかった。義元は桶狭間山（高根山）の頂上に本陣を構えていたが、信長は前軍を破った後、正面から本陣に攻め上がり、義元を運よく討ち取ることができた。また、佐々・千秋隊は抜け駆けで、信長の見ている前で討たれた》

この正面攻撃説が現在最有力の説と言われているが、なぜ信長が大軍の義元に勝てたのか具体的な内容は明らかにしていない。不明のままである。

しかし、信長ほどの人物が作戦を立てずに大軍と戦ったとするのは同意できない。信長には作戦があったとする史料は次のようにあるからである。

『厳助大僧正記』

「駿河《するが》今川。尾州江入国（尾張へ）。織田弾正忠《だんじょうのちゅう》（信長）同 武略打取之事有之《ぶりゃくをめぐらしこれあり》」

京都醍醐寺《だいごじ》理性院厳助《ごんじょ》（当時六十七歳）の自筆の書で、戦の直後に京まで伝わってきた話である。信長が武略をめぐらして義元を討ち取ったと伝えており、通常の戦闘ではなかったことを証言している。したがって、まともに正面から攻撃して今川軍を破ったのではないし、偶然の暴風雨に助けられて勝てたのでもない。信長には「武略」があった。

『春日山日記』

「永禄三年五月に尾州（尾張）の忍《しのび》の者来て云。今月義元駿城（駿府城）を発し、遠州（遠江）、参州（三河）を経て桶狭間にて信長と合戦す。義元の人数三万に及ぶ、信長は二千に不足《たらず》と云へども信長奇計《きけい》を以《もっ》て義元が不意を打《うち》て遂《つい》に義元の首を得る。従是《これより》信長は尾州を全《すべて》平治すと云り」

「今月」合戦があったとしているから、戦のすぐ後に信長が忍びの者を派遣して、長尾輝《てる》虎《とら》（上杉謙信《けんしん》）に知らせるよう越後《えちご》（新潟県）の春日山城へ走らせた。『春日山日記』とする日記からの転載なので、間違いなく直後の記事で、奇計を以て不意を打ち義元の首を得るとしており、信長には不意打ちする奇計（考えもつかない巧みな計略）があった。これは信長の言葉を伝えたと考えられるので、「奇計」は信長の言葉であろう。

『井伊家伝記』

「所々の軍《いくさ》に打勝て少々休息油断の所へ信長謀計《ぼうけい》を以て急に攻掛り」

『井伊家伝記』では井伊直盛が義元本陣で襲われ、逃げる途中で切腹している。首と共に遺言を龍潭寺《りょうたんじ》（浜松市）の南渓和尚に届けろと、奥山孫一郎に頼んだと記してある。それで義元本陣にいた奥山が「信長謀計《ぼうけい》を以て急に攻掛り」と報告した言葉を、南渓和尚が記録していて龍潭寺に残っていたのである。

これらは当時の記録である。「奇計」「謀計」とする巧妙な「武略」があったことは事実と考える。攻める方は「奇計」というが、攻められた方にとっては「謀計」なのである。

したがって「信長の謀計」とはいかなるものであったかを知りたい。

義元は大軍で攻めて来たのに、なぜ一方的に敗れ首を取られてしまったのか。この戦国史最大の謎の一つを、『信長公記《しんちょうこうき》』を中心にしながら、多くの文献史料からも探し出して、その真相を明らかにしたいと考えている。

桶狭間古戦場の位置

桶狭間古戦場として、現在二か所に古戦場があり、❶と❷は約一㎞離れている（図1）。二か所あるのは意味があり、どちらも重要なので場所の位置を確認しておいていただきたい。

❶は名古屋市緑区桶狭間で、当時は桶廻間村《おけはざまむら》であった。本書では「桶廻間村」または「緑区桶狭間」と表記する。戦場になったと思われる「武路《たけじ》」は、現在「桶狭間北二丁目」に変わっている。なお、緑区の桶狭間古戦場公園を「田楽坪」とする説があるが、元は「広坪」で田楽坪と推定されたのが定着したと思われる。また「桶廻間村」は明治に「桶狭間村」に漢字を変えている。

❷は豊明市の南舘《みなみやかた》で、古くから桶狭間古戦場と言われていた地。昭和十二年に国の史跡「桶狭間古戦場伝説地」として文部省から指定された。こちらの方は「豊明史跡」と表示する。「田楽狭間《でんがくはざま》・田楽窪《でんがくがくぼ》・田楽坪《でんがくがつぼ》・屋形狭間《やかたはざま》・桶狭間」などと文献史料にあるのはどれも豊明史跡のこと。混乱されないようご注意願いたい。

※本書では文献史料の記述通り、または読み下し文を「　」で記し、〈　〉は要約文。《　》は実際に言われているが事実ではないと筆者が考えている説。
＊印は「十四　疑問に答えるQ＆A」で説明する。

この地形図は、地形データから3Dプリンターで作成したフィギュアを参考にして起こした図。拙著『奇計 桶狭間合戦の真実』に掲載。

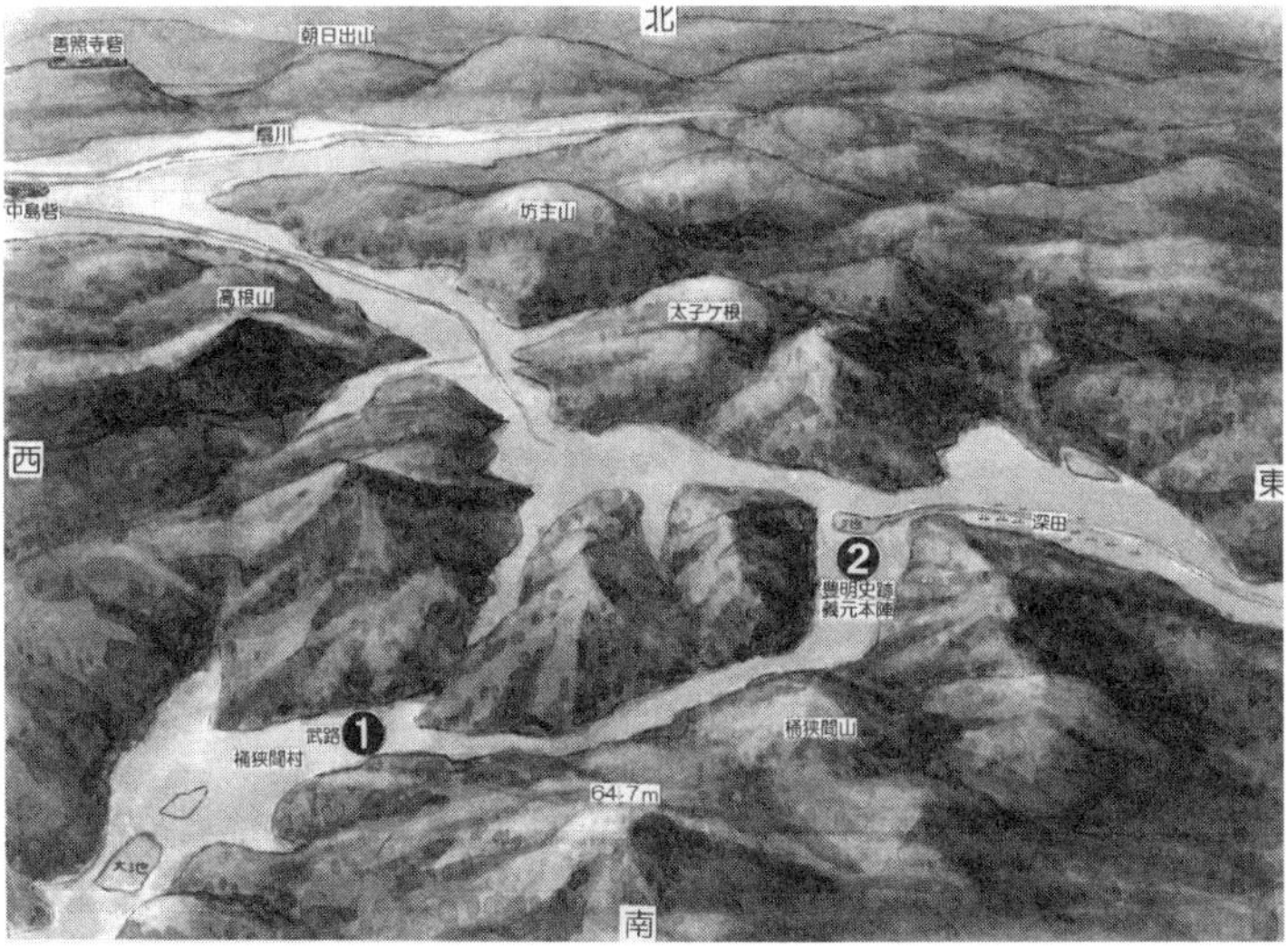

図1　桶狭間合戦場の地形　❶は桶廻間村武路　❷は豊明史跡　距離1㎞

目次「信長の謀計」

十五　参考写真と地図　175

おわりに　182

一　桶狭間合戦までの情勢と経過

応仁《おうにん》の乱（一四六七〜七七）の権力闘争で足利幕府《あしかがばくふ》が力を失った室町《むろまち》時代の後期、各地の大名が力をつけて領地を取り合う争いが繰り返される戦国時代となった。権力を手中にしようと領地を拡大し、天下取りを狙う大名が台頭《たいとう》してきた。

その中でも駿河《するが》（静岡県東部）の今川義元は足利将軍家の一族として名門であり、上洛《じょうらく》して将軍家を補佐し、あわよくば将軍家に取って代わろうとする野望を抱いていた＊。

義元の父氏親《うじちか》は西の遠江《とおとうみ》（静岡県西部）を服従させ、義元も三河《みかわ》（愛知県東部）に攻め込み、西へ西へと領土を拡大してきた。義元は「海道一の弓取り」と言われていて、当時最も将軍に近い存在として高く評価されていた。

今川が、織田信秀《のぶひで》（信長の父）の城になっていた三河の安祥城《あんじょう》（安城市《あんじょう》）を落としたのは桶狭間合戦の十一年前で、翌年には三河の多くの地を今川の支配下とした。この時の今川総大将は、天才軍師と言われた雪斎《せっさい》（太原崇孚《たいげんすうふ》）であった。

義元は北の甲斐武田信玄《かいたけだしんげん》、東の相模北条氏康《さがみほうじょううじやす》と、婚姻関係による甲相駿三国同盟を結ぶ。武田は越後の上杉謙信との戦いがあり、北条は東の関東から東北に力を注ぐ。今川は尾張

（愛知県西部）から西への侵攻を開始するために、三国間では争わないことにした。それで上洛への道を可能にしたのである。この三国同盟は雪斎の主導で行われたという。

尾張鳴海城《なるみ》（名古屋市緑区鳴海町）の山口左馬助《さまのすけ》は信秀の死＊をきっかけとして今川に寝返り、左馬助の働きで織田側であった大高城《おおだか》（名古屋市緑区大高町）も沓掛城《くつかけ》（豊明市沓掛町）も今川に寝返った。

三河を手中にした義元は、本来上位にある同族の吉良氏を攻めて今川の配下にした。吉良氏の寺であった実相寺《じっそうじ》（西尾市）の住職に雪斎をつけて常駐させ、尾張侵攻を進める。

天文二十三年（一五五四）に今川は尾張知多郡の村木（東浦町）に砦を造り、これを足場にして尾張を攻め取る手はずであったが、同盟していた水野信元《のぶもと》の要請により、信長は船で知多半島を回り、水野信元と共に村木砦を攻め落とした。

その翌年に雪斎は没してしまい、尾張侵攻計画は中断され、遅れることになった。

それで、義元は自ら総大将となって尾張に攻め込む計画をたてる。そのため息子氏真《うじざね》の成長を待ち、家督を半分譲り、翌年全部を譲ってから出陣することにした。

一方、尾張国内では織田家の中で信長と弟信行（勘十郎・信勝）との家督相続争いがあり＊、尾張上四郡の守護代織田伊勢守家との戦いもあって、信長が尾張を統一できたのは桶狭間合戦の前年三月三日のことであった。

今川に寝返った鳴海城を丹下《たんげ》砦、善照寺《ぜんしょうじ》砦、中嶋砦で囲み、大高城には鷲津《わしづ》砦、丸根《まるね》砦を築き、兵糧《ひょうろう》攻めを行った。大高城の南西に氷上《ひかみ》砦、南東には正光寺《しょうこうじ》砦を同盟していた水野勢に造らせた（『張州雑志』・『信長公記』天理本＊）。

今川義元は、永禄三年（一五六〇）五月一日に家臣を集めて出陣の大号令を発した。その情報はすぐに早馬で信長に知らされ、五日には今川の出身地で今川の領地になっていた三河の吉良（西尾市）に攻め込み、実相寺を焼く（『岡崎領主古記』）。

「永禄三年庚申尾張の織田信長、当国の吉良に働き、大兵乱也。五月五日、吉良の実相寺も焼失す」

実相寺は初代安国寺《あんこくじ》で格が高く、足利尊氏の勅命で建てたとされる五重の塔を構える七堂伽藍があり、七千石の寺領を有する大寺であった（『西尾町史』）。今川の軍師雪斎が住職であった時もあり、実相寺を今川の隠れ陣所にして尾張の情報を集めていたと考えられる。

今川義元は、予定通り五月十日に先発隊を発し、五月十二日に自ら大軍を率いて駿府を出発した。『信長公記』では四万五千とあるが、通説では二万五千とする。しかし今川軍の出陣数については八千〜六万まで史料により異なるので後で検討する＊。

義元は五月十八日に沓掛城（豊明市）へ入城して午後軍議を開く。信長の動向と砦の状況報告を受けるが、信長は清洲城にいて軍議でも作戦は示されていないし、砦に援軍は出されていないとの報告で、当初の作戦通り翌日朝大高城へ向かうと決定。松平元康（家康）に予定通り今晩中に兵糧を大高城へ入れさせ＊、翌日早朝に丸根砦を攻めさせる。鷲津砦は大高城を守っていた朝比奈泰朝に攻めさせると命じた。

五月十九日早朝、信長は大高の砦からの報せがあって起き、敦盛《あつもり》の舞を舞ってから主従六騎で清洲城を出た。熱田に来た時にはすでに大高の砦から煙が上がっているのを確認した。上道を通って急ぐ。善照寺砦に到着と同時に、待機していた佐々・千秋隊三百を義元の本陣へ向けて出発させた。

織田勢は総勢集めても五千であったというが、この時には様子見の武将がいて三千程しか集まらなかったようである。追いついて来た兵は、善照寺砦の東（朝日出山）で勢ぞろいした。信長は集まった三千の中から選別して二千弱の兵で中嶋砦へ向かうが、家老達に二度止められている。中嶋砦で説得してから東へ向かったと『信長公記』にある。信長にとっては危機的状況にあったのに家老達の忠告を聞き入れず、義元軍目指して東へ向かって行ったのは、行かなければならない強い意志があったのであろう。

一方の今川義元本隊は、沓掛城を出発して大高城へ向かう途中、昼に本陣で休憩中の午後二時、二千の織田軍に突然襲われた。義元は三百の兵に守られて東へ退くが五度程攻められた。兵は深田に足を取られて次々と討たれて五十に減り、義元は毛利新介に首を取られた。今川軍は二千五百人の死者を出し、大敗北になったという。

信長は、なぜわずかな兵で大軍の敵に向かって行ったのか。しかも一方的に勝利することができたのか。『信長公記』はその理由を明確にしていない。中嶋砦で東への進軍を止めようとした家老達は信長の作戦を知らなかったので、参戦していた太田牛一も作戦は聞いていないとわかる。

しかし信長程の策士に作戦がなかったはずはない。「奇計」「謀計」「武略」があったとする当時の史料があるので、『信長公記』と他の史料とを合わせながら「信長の謀計」とするその作戦を探ることにする。

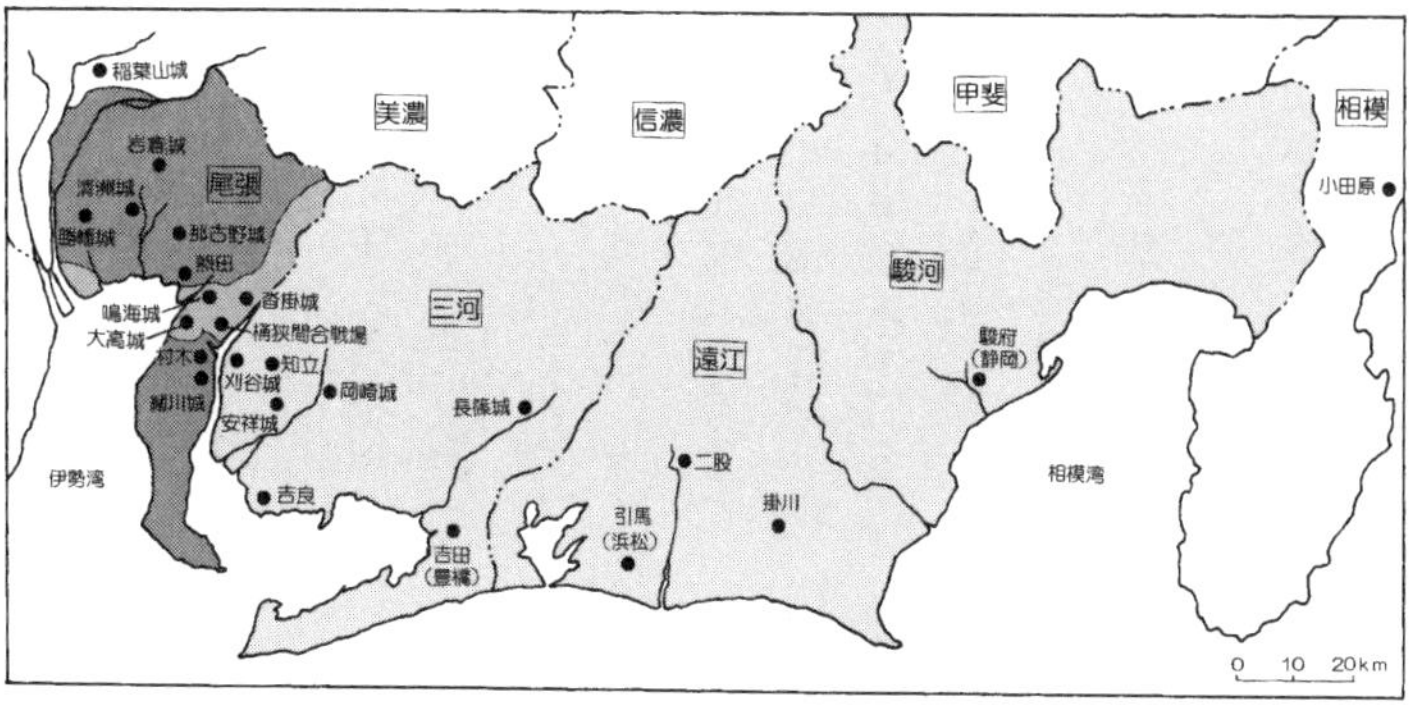

図２　永禄３年（1560）５月　桶狭間合戦直前の勢力図 織田 今川 の尾張領は今川の支配下にあった

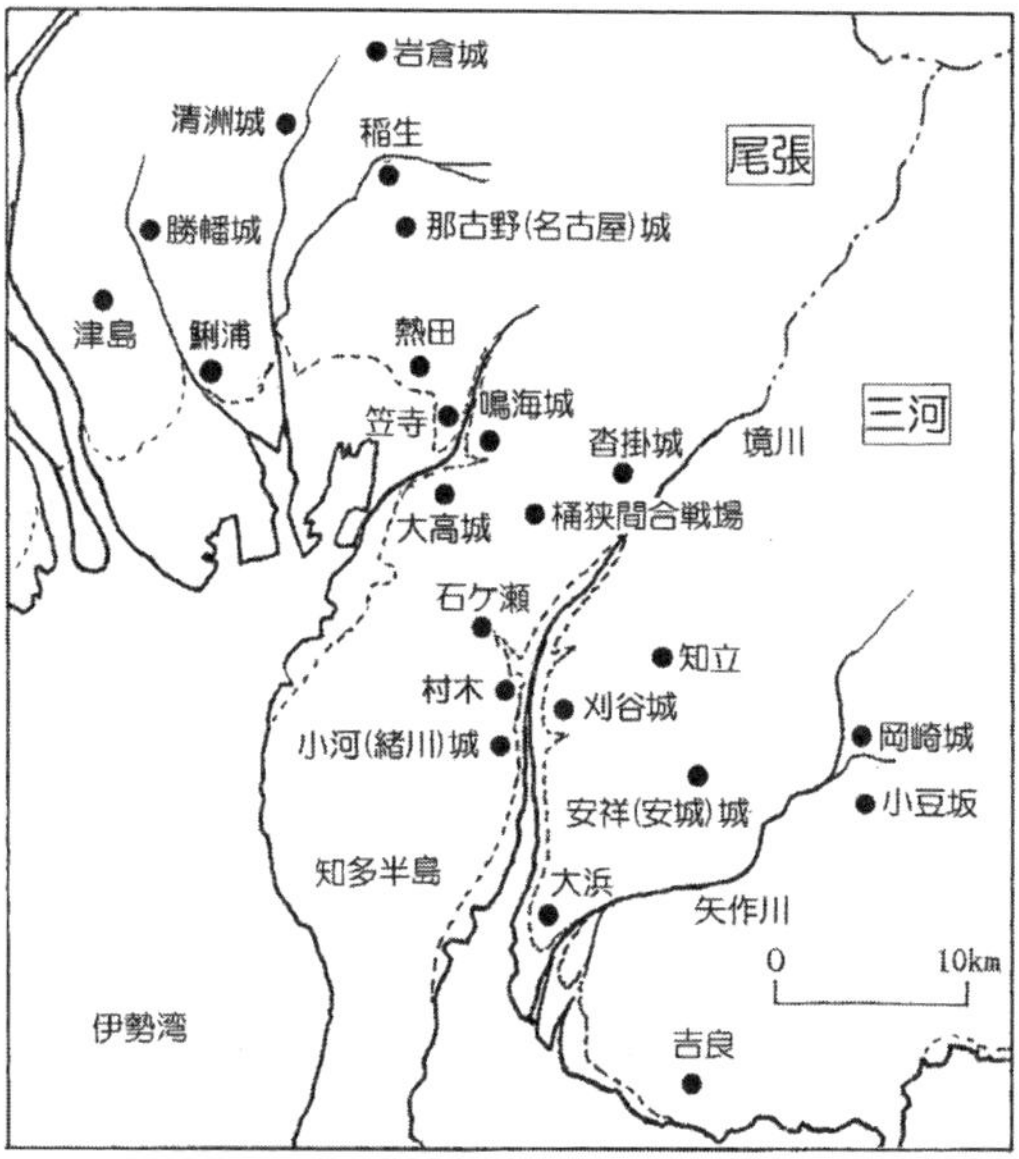

図３　尾張・三河地方（破線は推定海岸線）

二　桶狭間合戦までの今川義元

1519年（永正16）
今川氏親《うじちか》の5男として義元誕生、幼名芳菊丸《ほうぎくまる》。
母は正妻の寿桂尼《じゅけいに》（公家《くげ》の出）、4歳で寺に預けられ12歳で出家（僧名梅岳承芳《せんがくしょうほう》）、
京都建仁寺《けんにんじ》で修行。

義元木像（高徳院蔵）

1526年（大永6）
義元8歳の時、父氏親死去。兄の氏輝《うじてる》が家督を継ぐ。

1536年（天文5）
長兄氏輝、次兄彦五郎の相次ぐ死により、義元18歳で家督を継ぐ。
3男の兄玄広恵探《げんこうえたん》が異を唱えて挙兵するが、敗北して自害（花蔵《はなぐら》の乱）。

1547年（天文16）
三河松平広忠《まつだいらひろただ》の嫡子《ちゃくし》竹千代（6歳の家康《いえやす》）を人質にして駿河へ送らせる途中、
織田側に奪われる。

1549年（天文18）

織田の城となっていた三河の安祥城《あんじょう》（安城市《あんじょう》）を攻め、城主信広（信長の兄）を生け捕る。松平竹千代と織田信広との人質交換を笠寺《かさでら》（名古屋市南区）で行い、竹千代は今川の人質となる。総大将は戦の天才と言われた軍師雪斎《せっさい》で、連戦連勝であった。

1550年（天文19）

今川に寝返った鳴海城の山口左馬助が、大高城と沓掛城を今川へ寝返りさせるよう働く。後に左馬助は信長と何度も戦っている。

1552年（天文21）

松平勢と共に沓掛で織田軍と戦う。（『植村出羽守某譜』）

11月、義元の娘と、武田信玄の嫡子義信との婚姻が成立する。

1554年（天文23）

息子氏真《うじざね》が北条氏康《うじやす》の娘を娶《めと》る。北条と武田との婚姻も成立し、三国同盟が完成する。それにより全力で西へ攻め込むことを可能にした。

尾張村木《むらき》（東浦町《ひがしうら》）に砦を築くが、信長と水野信元《のぶもと》連合軍に攻められて陥落。

1555年（弘治元）

前年に吉良実相寺《じっそうじ》住職となっていた雪斎が没60歳。（義元37歳）

1558年（永禄元）

山口左馬助が織田と通じているとする偽情報に激怒し左馬助を殺す。鳴海城は今川の武将岡部元信《もとのぶ》に守らせる。

息子氏真《うじざね》（21歳）に家督を半分譲り、翌年全部を譲る。尾張侵攻の体制を整える。

1559年（永禄2）

大高城、鳴海城が兵糧攻めにあい、沓掛城から兵糧を入れようとするが何度も失敗。松平元康（家康）が成功させる＊。

1560年（永禄3）

5月1日、家臣を招集し出陣の大号令を発する。（義元42歳）

5月10日先発隊が出発。12日義元軍が出発し、17日に三河知立《ちりゅう》に泊まる。

5月18日沓掛城に入り、午後軍議を開く。夜松平元康が大高城に兵糧を入れる。

5月19日早朝、大高の丸根砦と鷲津砦を攻めさせる。砦は午前8時には炎上、相次いで陥落。

義元本隊は大高城を目指して沓掛城を出発する。

そしてその時を迎えることとなる。

三　桶狭間合戦までの織田信長

1534年（天文3）

織田信秀の次男として信長誕生、幼名は吉法師。信秀は尾張下四郡の守護代《しゅごだい》織田大和守《やまとのかみ》家の軍《いくさ》奉行で、勝幡《しょばた》城主（稲沢《いなざわ》市）であった。その頃那古野《なごや》城（名古屋城）は今川義元の弟氏豊《うじとよ》の居城であったが、信秀が策略で奪い氏豊を京へ追放する。

信秀は那古野城を吉法師に与え、林通勝《みちかつ》、平手政秀《まさひで》などを家老とする。

1547年（天文16）

信長初陣《ういじん》で平手政秀と共に三河大浜《おおはま》を攻め所々に放火する。（14歳）

1548年（天文17）

信秀、美濃《みの》（岐阜県南部）の斎藤道三《どうさん》と戦い敗北するが、平手政秀の仲介で和議を結び、信長は道三の娘（濃姫《のうひめ》）と婚約する。（15歳）

1549年（天文18）

父信秀急な病で死去、2年間喪を秘す。16歳で家督を継ぐ＊。（異説有）

三河の安祥城を今川に取られ、兄信弘との人質交換で8歳の家康が今川へ移る。

1551年（天文20）

信秀の葬儀で抹香《まっこう》を仏前に投げつける不作法を演じ大うつけと呼ばれる。（18歳）

1552年（天文21）

沓掛（豊明市）で今川・松平連合軍と戦う。8月萱津《かやつ》（あま市）で大和守家守護代織田彦五郎と戦う。（19歳）

1553年（天文22）

1月平手政秀、信長の素行《そこう》を諫《いさ》めて切腹。4月斎藤道三と会見。（20歳）

1554年（天文23）

1月今川の村木《むらき》砦（東浦町）を攻め落とし、水野信元との同盟を守る。

1555年（弘治元）

尾張守護の斯波義統《しばよしむね》を殺害した守護代の織田彦五郎と戦う。4月彦五郎を討ち取り、斯波家の若殿（義銀《よしかね》）と共に清洲城へ移る。（22歳）

1556年（弘治2）

8月弟信行《のぶゆき》と稲生《いのう》（名古屋市西区）で戦う。信行に味方した家老の林通勝・柴田勝家軍を破るが、謝ったので許す＊。（23歳）

1557年（弘治3）

柴田勝家の通報で、11月再び背いた弟信行を策略により討つ＊。（24歳）

1558年（永禄元）

5月と7月浮野《うきの》（一宮市《いちのみや》）で上四郡の守護代岩倉織田家と戦い、撃破するが岩倉城（岩倉市）は落とせず。（25歳）

1559年（永禄2）

岩倉城を取り囲んでいた2月2日に突然上洛して足利将軍に謁見《えっけん》、7日に帰途につく。3月3日岩倉城の織田信賢《のぶかた》は和議により降服、信長は尾張を統一する。今川の城となっていた大高城・鳴海城を囲む砦を築き、兵糧攻めを行う。

1560年（永禄3）

3月今川の笠寺城に夜討ちを仕掛ける。その後、笠寺一帯は織田側に戻る。
5月5日三河の吉良（今川の出身地）に攻め込み、実相寺を焼く。（27歳）
5月18日今川軍が迫る情報により清洲城で軍議を開くが、鷲津砦・丸根砦からの応援要請にも動かず、信長は雑談ばかりで何も指示しなかった。
5月19日早朝、報せを受けて起き、幸若舞《こうわかまい》の「敦盛《あつもり》」を舞う＊。出陣合図の法螺《ほら》貝《がい》を吹かせ、主従6騎で清洲城を出発。熱田神宮で参拝、午前8時宮の前で鷲津・丸根の砦から立ち上る煙を確認、上道《かみみち》を通って急ぐ。善照寺《ぜんしょうじ》砦に到着と同時に、待機していた佐々隊三百をすぐ出発させる。家老から止められるが振り切って中嶋砦に至り兵を加える。またも家老達から止められるが説得し、二千の兵で東へ進む。まれにみる暑い日であったが、山際に到着した時、急に黒雲がわき上がり、雹《ひょう》を降らす豪雨となった＊。

※ここまでは『信長公記』や、他の史料にも記載があるが、その後の戦いについては諸説があるので確認する。

四　桶狭間合戦の主な説

1　参謀本部の「迂回《うかい》奇襲説」

旧陸軍参謀本部が明治三十一年に発表して長く通説となっていた『日本戦史桶狭間役』。概略は次の通り、大きく北へ迂回して奇襲したとしている。

〈今川義元は二万五千の兵を引き連れて出陣。沓掛城で軍議を開く。翌十九日朝、義元本隊の五千は沓掛城を出発して大高城へ向かう。

信長軍は熱田神宮に集結して戦勝祈願し、善照寺砦に至った。信長が来るのを見て、佐々・千秋隊三百は鷲津砦を落とした敵に向かって行くが討たれる。

義元は大高での鷲津砦・丸根砦攻撃の勝利を聞き、田楽狭間（豊明史跡）で休息した。佐々・千秋隊との鳴海方面での勝利の報告を聞いて喜んでいた時、近辺の神官や僧侶から酒肴の進上があり、盃を上げ警備を怠った。

善照寺砦では、梁田政綱《やなだまさつな》の諜者《ちょうしゃ》が沓掛方面より帰り、義元は大高方面へ移ろうとしていると告げ、さらに別の諜者が田楽狭間を本陣としたことを報告した。そこで梁田は信長に不意に本軍を襲うことを進言、信長はそれをよしとして若干の兵を残し、二千の兵を率いて善照寺砦より大きく北へ迂回してから南下して太子ケ根に至り、山を下って敵を突いた。休憩中の義元軍は風雨のために敵が近いことを知らず、大いに驚き討たれてしまった〉

筆者注『信長公記』に、信長は中嶋砦から東に向かったとあるので、《善照寺砦から北へ迂回》とした織田軍進路は誤りであろう。ただし最短の経路で中嶋砦から山中を東に進んでいるので経路が異なるが迂回ではある。簗田が信長に進言したのは善照寺砦ではなく、太子ケ根の信長本陣でのこと。佐々・千秋隊が戦ったのは鳴海方面ではなく、桶廻間村方面。いくつかの誤りがあり、史料の読み違いがあったと考えられる。

2 「正面攻撃説」

昭和五十七年に藤本正行氏により初めて唱えられた説で、現在最も有力な説として多くの本に紹介されている。

正面攻撃説は、参謀本部の「迂回奇襲説」は信憑性《しんぴょうせい》に疑問のある小瀬甫庵《おぜほあん》『信長記』*を基にしており、善照寺砦から北へ大きく迂回したとする良質の史料はなく、「奇襲」は甫庵が創作した小説を史実と誤解し、影響を受けたものにすぎないとして否定し、次のように説明している。

《信長には作戦はなく、奇襲ではなかった。今川軍は桶狭間山の頂上に本陣を構えていた。中嶋砦を出た信長軍は（東海道筋を）まっすぐ東に進み、今川軍の前軍を正面から打ち破った。その勢いで後方の桶狭間山に本陣を構える今川軍に攻め上がり、今川軍の混乱に乗じて義元の首もたまたま運良く取る事ができた》。攻め上がったとする「桶狭間山」は、中嶋砦から南東二㎞の《高根《たかね》山》としている。また、《佐々らは抜け駆けして信長が見ている前で討たれた》

証拠史料として、《『信長公記』は正面攻撃としている》、《『三河物語』に山上に本陣があったとする記述がある》としていて、《他の史料は甫庵『信長記』の奇襲説に影響されている》という。

筆者注　信長はなぜ大軍の敵に勝てたのか具体的な理由は示されていない。藤本氏は『信長公記』と『三河物語』を証拠としているが、不思議なことに他の多くの史料の中に、義元本陣が山の上にあったとする史料はないし、高根山を本陣にしたとする史料や痕跡もない。それに正面攻撃を示す史料は見つかっていない。他の史料との一致がないのは疑問。『信長公記』や『三河物語』の読み方に問題があるのではないだろうか。それに、山上に本陣を構える大軍を少人数で破ることは、ほとんど不可能。また、佐々らが抜け駆けしたとするのは疑問がある、理由は後に示す。

3 緑区桶狭間の「田楽坪戦場説」

この辺りで最も高い山で、豊明史跡の南南西六百m、名古屋市緑区桶狭間にある古戦場公園の東六百mの《六十四・七mの山を桶狭間山であった》として、その頂上に義元本陣があり、その山に織田軍が攻め上がり、西の田楽坪で義元は討たれたとする説がある「正面奇襲説」。

一方、緑区桶狭間の地元での「田楽坪戦場説」はやや異なり、《六十四・七mの山の西斜面に義元本陣があった》としていて、緑区の桶狭間古戦場公園の北四百mにある《「釜ケ谷」に待機していた信長が桶狭間山に攻め上がり、西の田楽坪に今川軍を追い落とし、田楽坪の深田で義元を討ち取った》とする。《「桶狭間合戦」は「桶廻間村」が戦場で、豊明ではない》としている。

筆者注『信長公記』に、「旗本」（義元本陣）を東へ攻めたとあるが、この説は西へ攻めたことになり『信長公記』に反している。六十四・七mの山の東は山続きで田はない。桶廻間村でも戦いはあったが、それは織田軍の先鋒隊と今川軍の先頭とが戦った初の戦場と考える。豊明史跡は「桶狭間」「田楽坪」とも古くから呼ばれていた＊。周辺から武具などが出土していて＊、戦場であったことは確実。豊明史跡を否定する理由はない。

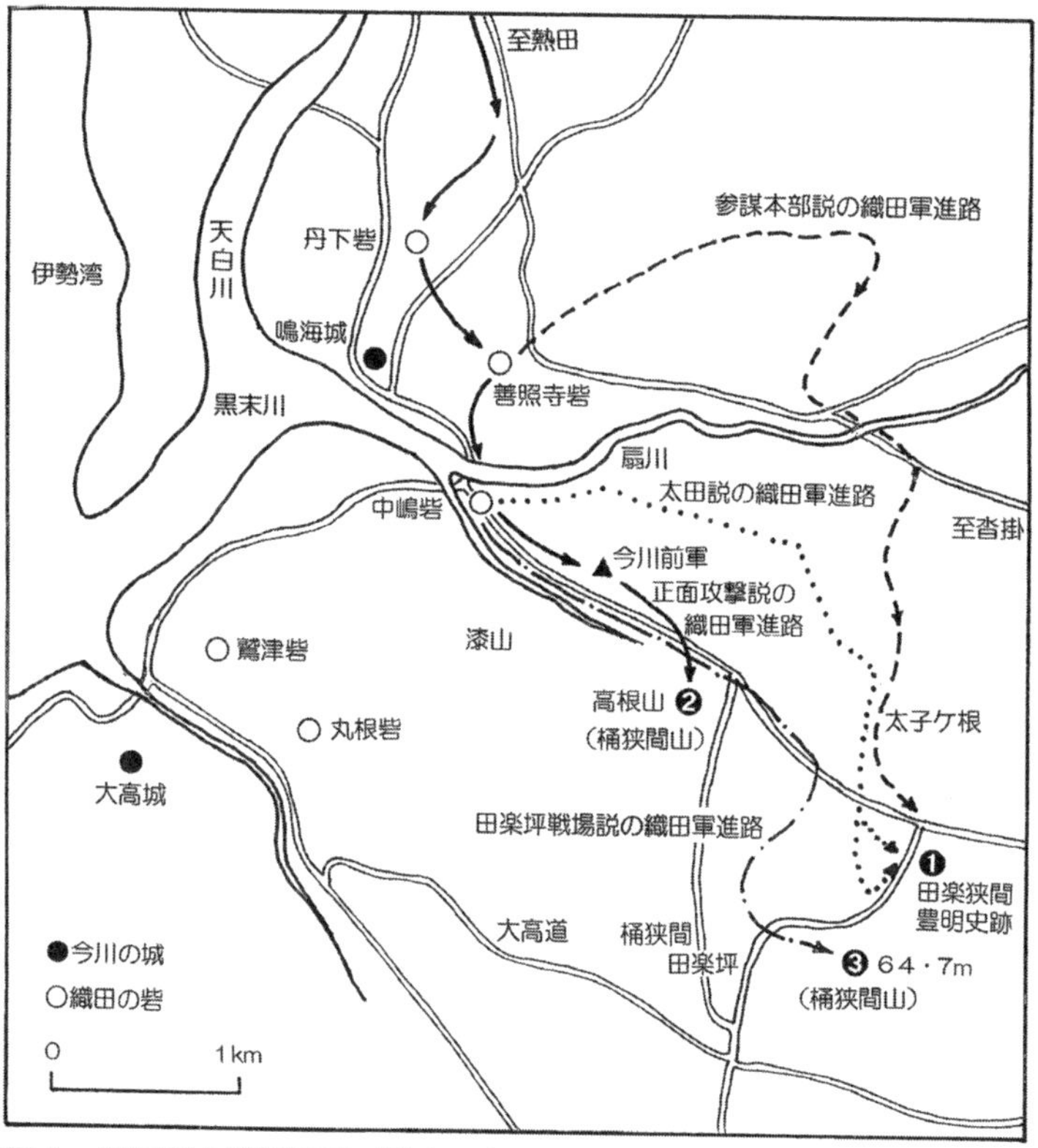

図４　桶狭間合戦場地図（従来の主な説）
❶参謀本部説と太田説の本陣　❷正面攻撃説の本陣　❸田楽坪戦場説の本陣

4「佐々隊おとり説」（本書の説）

平成二十四年に筆者（太田）が初めて唱えた説で、『桶狭間合戦奇襲の真実』（新人物往来社）で戦の実態を明らかにした。さらに発見した文献を追加して簡略化し、『奇計桶狭間合戦の真実』を平成二十八年に出版したが、次を結論とした。

信長進路は参謀本部説とも正面攻撃説とも異なり、中嶋砦から東への山道を最短経路で向かい、太子ケ根（山）の麓に至り、北谷を信長本陣として待機した。

信長は兵を二手に分けていて、戦場は二か所あり、戦は一度ではなく二度行われた。

善照寺砦を出た佐々・千秋隊三百は太子ケ根を通って桶廻間村に向かい、進軍してきた今川軍の先頭を攻撃する。最初の戦いは昼頃、桶廻間村「武路《たけじ》」（図5―①）で行われた。

先頭から一km後方の田楽狭間（豊明史跡）（図5―②）で敵襲来の報せを聞いた義元は、塗輿《ぬりこし》から下り即座に主力部隊を先頭へ送る。輿を下りた場所を仮の本陣とするが、本陣の守備は手薄になった。

やがて届いた勝利の報告に喜び、昼食を兼ねた祝宴を開き、祝い酒を出して謡を歌うなど油断した。

太子ケ根の北谷で待機していた信長軍は、簗田出羽守から義元本陣の報告を聞き、空が晴れたのを確認したあとの午後二時、義元本陣の西の山を回り、南からと山の上から同時に義元本陣（豊明史跡）（図5―②）へ突入した。油断していた今川軍は不意を突かれて一瞬にして総崩れとなった。義元は三百の親衛隊に囲まれて東へ逃げ、五度程戦うが、親衛隊はぬかるんだ深田（水田）に足を取られて討たれて五十に減り、義元はついに首を取られた。

これらはすべて信長の作戦で、佐々隊は信長の身代わりとなるおとりであった。二時間の「時間差二段攻撃」とも言える。その証拠史料、および詳しい内容は以後に示す。

図5　佐々隊おとり説（時間差二段攻撃）
①佐々隊（昼頃）　②信長本隊（午後2時）上が北

五　史料の疑問

1　織田の記録と今川の記録

桶狭間合戦を記した史料として最も重要な文献は、当時三十四歳で織田の兵として戦に参戦していたとみられる太田牛一が記した『信長公記』首巻であることは研究者のほぼ一致した意見である。したがって『信長公記』が答えでよいはずであるが、簡単ではない。あいまいな記述もあり、読み方によって意見が異なることになるので、読み方が正しいかを検討する必要がある。正面攻撃とは読み取れないからである。

実際に出陣した兵士から見た記録と思えるので、自分が見たところは事実であろうが、後から聞いた記事も含まれている。作戦などは家老も知らなかったようで、兵士には指示されておらず太田牛一も知らなかった。記載がないから《作戦はなかった》とすることはできない。〈作戦はあった〉とする史料が多数あるからである。

「永禄三年」とすべきところ「天文二十一年」と八年も誤っている。しかも三か所もあるので完璧な史料とは言えない。どの史料にも多少の誤りはあるもので、誤りがあるから信用できないとするなら『信長公記』も同類としなければならなくなる。〈『信長公記』首巻の年号は八点あるが、ほとんどが誤っている〉とする谷口克広氏の研究がある（『織田信長事典』新人物往来社）。〈後人の追筆〉とも言われているが、追筆ではないと思う。

天文二十一年（一五五二）に、信長は今川・松平連合軍と沓掛で戦っているが、「沓掛の到下《とうげ》の松の本に」と記しているので、その時のことと勘違いしたと思われる。

太田牛一は日記から編纂したと池田家本奥書に書いているが、永禄元年（一五五八）の時点でも牛一は「いまだ若き故、日帳を付け申さざる先」と『川角太閤記』にあるので、まだ日記はつけておらず、年号を記していない書付があって首巻の年号に誤りが出たと考えられる。

第一巻からは正確なので、日記をつけ始めたのはそのころからであろう。

一説には秀吉から勧められて書き始めたという。それは、首巻を知った秀吉が続きを書くよう勧めたということであろう。首巻はその前にあって、第一巻からとは別と考える。

蓬左文庫の『太田和泉守記』に池田家本奥書と同じ所感を書いているので、慶長十二年（一六〇七）九月に全巻完成していたことは確実。したがって首巻の記事は鵜呑みにせず、他の文献との一致を調べる必要があると考える。

それに織田側の記録で、織田軍の攻撃隊「二千」は正しいようだが、今川軍を「四万五千」とするなど二十倍以上の敵は多過ぎるので、今川軍の実態は正確にはわかっていないと思う。今川軍の実情を知る必要がある。

今川側の松平（徳川）が後に記した文献は多いが、松平元康（家康）は当日早朝大高の丸根砦で戦っており、義元本陣での戦いには参戦していない。『三河物語』は徳川の史料であり、著者大久保彦左衛門は永禄三年（一五六〇）の生まれなので、後から聞いた記録で他の文献同様正しいとは限らないし、いくつか誤りもみられる。

『今川家譜』には八幡太郎義家から続く源氏の一族として、今川家の成り立ちから代々記しているが、天文七年（一五三八）の記事の後、「義元公不慮ニ討死被成《なされ》」の一文があるだけで、永禄六年（一五六三）まで話が飛んでいて、義元の記録が二十五年間欠落している。『今川記』は、天文二十三年（一五五四）で終わっている。これは故意に義元の記録を削除したと思われる。削除しなければならない理由があったのであろう、その理由を知りたい。

今川の家臣は多数戦死しているので、各家に記録はあったはずなのに見つからないのは、削除命令が今川氏真から出ていたので、記録は隠されたか廃棄されていたと考えられる。

筆者が調べた限りでは、義元本陣の実態を記した史料は『松平記』『井伊家伝記』『桶《おけ》狭弔古碑《はざまちょうこひ》』の三点しか見つかっていなかった。

『井伊家伝記』の場合、彦根藩井伊家に先祖の記録がないので、家伝記の作成を龍潭寺《りょうたんじ》に所望している。享保十五年（一七三〇）龍潭寺九世の住職が寺の記録からまとめているが、奥山孫一郎が南渓和尚に伝えた当時実在の人物の言葉の記録が寺に残っていたのである。江戸時代中期に作成された文献といえども、当時の古文書を写しているので一次史料と同じと言える。『井伊家伝記』は重要なので次に記す。

「一　今川義元駿遠三の大軍勢を催《もよおし》出張、五月十九日所々の軍《いくさ》に打勝て少々休息油断の所へ信長謀計《ぼうけい》を以《もって》急に攻掛り織田造酒之丞、林佐渡守攻入、毛利新介終《つい》には義元を討取申候。依て近従六十余人不残《のこらず》或は戦死、或は切腹皆々傷害也。直盛公右人数の中也。軍勢の内、立退《たちのき》無恙《つつがなく》帰国《きこく》仕《つかまつり》候者も有と候《そうら》えとも義元近習の分不残《のこらず》傷害也。直盛公切腹に臨て奥山孫一郎に御遺言被仰渡《おおせわたらせ》候は、今度不慮《ふりょ》に切腹不及是非《ぜひにおよばず》候、其方介錯仕候て死骸を国へ持参《じさん》仕、南渓和尚焼香被成《なられ》候様に可申《もうすべく》候」

後に紹介するが、「今川家元家臣之内密実記」とする今川の実態を記した『桶狭間之合戦絵図』が最近になって発見された。井伊直盛の記事もあり、『井伊家伝記』の内容を証明している。その『絵図』から今川の隠されていた真相を知ることができる内容となっている。信用できる史料であれば、信長が勝った理由、今川が隠そうとした理由がわかる。
したがって今川の記録は重要で、『信長公記』のみでは完全解決にはならないと思う。

2 合戦当時の記録はあった

多くの江戸時代末までの文献史料（筆者が本や複写で保有する二百二十の文献）を調べていると、当時の史料が『信長公記』だけではないことがわかる。「はじめに」で示した『厳助大僧正記』『春日山日記』『井伊家伝記』は当時の記録と言える。そのほかにも『伊東《いそく》法師物語』『松平記』『三河後風土記《ふどき》』『中古日本治乱記』は当時の記録と考えられる。

『伊東法師物語』は、信長の軍師であった伊東（本名「青井意足」）が岡崎で書いた文献で、意足宛の信長の書状があり、家康からの書状もあるので実在の人物である。

「豊前国宇佐の郡の者なりしか、遁世の身と成て播磨国宍粟郡舟越山の麓に年久敷居住いたす処に、信長卿より再三御使被下《くださる》に付て、旧冬清州へ伺公仕」

〈大分県宇佐の出身で、兵庫県で引退して僧侶になっていたところへ、信長が使者を再三遣わしたので、以前の冬に清洲で仕えることにした〉

伊東の身柄は、永禄五年（一五六二）の家康（元康）との清洲同盟の時に信長から家康に渡されている。その時に信長は「伊東といへる老人を呼出し」と言っているので五十歳くらいであろうか。伊東は岡崎に行って家康に源氏の系図を見せて講義をしている。「家康」

の名は、元康の「元」（義元の元）をやめて、先祖とする八幡太郎義家の「家」を名に付けるのがよいのではと話し合ったとある。それで伊東所有の源氏の系図を家臣に写させている。

『伊東法師物語』の内容は、竹千代時代六歳の家康が今川の人質になる時に、奪われて尾張へ送られる時の詳細な記録から始まり、永禄五年の後は家康の戦いばかりを記していて、元亀元年（一五七〇）に家康が浜松城へ移るところまでを記してある。「於岡崎書之」とあるので元亀元年には完成していたようで、当時の記録である。おそらく家康の目付として信長が派遣した人物で、信長への報告書と思われる。その後尾張に帰ったようで、元亀二年には信長から新しい仕事を仰せつかった書状がある（『新編一宮市史』資料編六）。

引退した伊東は、葉栗郡の光明寺（一宮市）住職になっていて、小牧長久手の戦いの時（天正十二年／一五八四）の「禁制」の書状が、家康からも秀吉からも出されていて光明寺にある。それは伊東が両名と知り合いなので、両陣営に禁制を求め、応じていたことを示している。

桶狭間合戦については詳しい。他の史料の中に『伊東法師物語』から引用したと思われる記事は多い。桶狭間合戦の「今川義元卿、天下え切て登、国家の邪路をたゝさんとて」を、甫庵『信長記』は引用している。ただし甫庵は「義元ハ」としている。「信長卿」「義元卿」と敬称を付けているのは当時の記録だからである。

『松平記』では、著者の父が、離縁された十七歳の於大《おだい》（家康の生母）を刈谷まで届ける役を務めたとしていて、於大の奇知で命が助けられたと常に語ったと記しているので、著者は当時三歳の家康より年上と思われる。記事は天正七年（一五七九）までとなっているので、その頃に没したのであろう。したがって成立は天正七年と思われる。

後の史料であれば将軍になるまで記したであろうし、「神君・東照宮」などとするはずであるが「家康」と呼び捨てにしているので後の史料ではない。松平家忠の『家忠日記』と重なる期間の記事は、ほぼ一致した内容となっていて良質な史料と言える。ただし人物紹介の所に、後の誰と注があるので、そこは後人が写本時に加筆したとみられる。

『松平記』には、義元本陣が襲われた時の記録がある。後に示すが、他の史料にはない実態がいくつか記されていて重要な史料と考える。

『三河後風土記』の著者は、家康の家臣「平岩親吉《ちかよし》」と序にあり、慶長十五年（一六一〇）の自序もある。平岩は家康と同い年で、駿河での人質時代に同行している。人質時代の家康と義元との会話が記され、今川家臣の言葉もあるのは、平岩が家康のそばにいてその会話を聞いていたからで、平岩の書としてもよいと思う。

『松平記』の於大を刈谷へ帰す話もあるが、お供をしたのは広忠に仕えた「安倍四郎兵衛」

とあるので、四郎兵衛の息子が『松平記』の著者で、当時の人が書いた史料とわかる。『三河後風土記』の内容は清和天皇から始まる源氏の代々の記録から始まり、慶長七年（一六〇二）までの記録で、四十五巻と膨大な量がある。源氏の系図は当時他家には知らせていないという。信長も知ろうとしたが平氏だからとして見せるのを断られた。『伊東法師物語』にそのことが記してあり、徳川は源氏だからとして見せていて、伊東所有の「源家の秘書を写した」とあるので、その写しがこの書に転載されたとわかる。

桶狭間合戦については詳しい。

ただし『改正三河後風土記』では、改編者の成島司直《なるしまもとなお》が、原書には誤りがあるので改正したとしている。近江の佐々木承禎から二千三百の援軍があったとしているのは誤りで、近江の人物が書いたのではないかと疑っている。

それは近江出身で、秀吉の祐筆となった山中長俊が、慶長七年に著した『**中古日本治乱記**』に、近江から援軍の記事があり、桶狭間合戦の記事はほとんど同じで、平岩は山中長俊の書を丸写しにしている。それで誤りもそのままひきついでいる。

〈尾張を手に入れて近江を責め亡ぼす〉と義元が述べたとあるので、近江の佐々木はその情報を知り、織田が今川とどう戦うのか偵察隊を少人数出していた可能性がある。三名の死者が実名で記されているので、その偵察隊の報告記録があったが、織田兵と合わせて二千三百なのに、すべて近江勢と史料の読み違いがあったと思われる。三名の死者は「其日ノ戌刻（午後八時）死ス」とあるので、失血死であろうが、夜の戦いと思われて「夜軍」としたのではなかろうか。

内容の正確性はともかく、合戦の頃に生存していた人物が記録していた史料は『信長公記』以外にもあった。

ただし『伊束法師物語』『三河後風土記』とも早期の史料なのに活字化されていない。両書とも家康を源氏の出としているが、大正時代に《徳川家康は源氏ではない》とする説が定説とされたので、偽書の疑いをかけられて研究されていないのではないかと思う。

家康の先祖は世良田であり、新田源氏徳川の庶流である。家康の八代前の親氏は南北朝の戦いで敗れ、足利から追われていて僧形で逃げていたが、入り婿として松平家に入っている。この件については『歴史研究』652号「徳川家康は源氏の末裔」で考証している。また『伊束法師物語』は、名古屋市『郷土文化』71巻2号「徳川家康の出自は源氏」を参照願いたい。

江戸時代中期に書かれた文献でも、合戦当時の記録を引用した可能性はある。特に地元には戦を見聞きした人が多くいたので、貴重な証言を含む場合がある。よって地元の史料を重視したい。しかし諸説や文献史料が多くあるものの『信長公記』に反していないことは重要なので、記述を確認しておこう。

六『信長公記』の桶狭間合戦を確認する

1 信長の出陣

（善照寺砦に至るまでには問題はないので、現代文にする）

今川義元は軍兵を率いて沓掛城に参陣。今川方は十八日の夜に大高城へ兵糧を入れ、援軍が来ないように十九日の朝、潮の満ち干を考えて必ず砦を襲うであろうと、十八日の夕方に佐久間大学・織田玄蕃から清洲城へ注進があったが、（信長は）その夜に作戦は何も話されず、雑談ばかりであった。夜遅くなったので帰宅せよと帰された。家老達も「運の末には知恵の鏡も曇ると言うがこのことか」と嘲笑《あざわら》って帰った。案《あん》の定《じょう》夜明け方に佐久間大学・織田玄蕃方から早くも鷲津・丸根の砦を敵が攻めて来ると注進があった。この時に信長は敦盛の舞「人間五十年、下天《げてん》の内をくらぶれば、夢幻《ゆめまぼろし》のごとくなり。一度生を得て滅せぬ者のあるべきか」を舞われた。「法螺《ほら》貝を吹け、武具をよこせ」と言われ、立ちながら食事をとられ、兜をかぶって出陣された。その時のお伴は、小姓の岩室長門守（後略）ら主従六騎で熱田まで三里を一気に駆けられた。辰の刻（午前八時）に源太夫殿宮

（上知我麻神社《かみちかま》）の前より東を御覧じたら、鷲津・丸根の砦が落ちたらしく煙が上がっていた。この時には馬上に六騎と雑兵二百しかいなかった。浜道を通れば近いが、潮が満ちていて通れず、上道をもみにもんで駆けさせられ、丹下の砦に着いた。それから善照寺の佐久間（信盛）在陣の砦へ行き「御人数立てられ、勢衆揃へさせられ、様体御覧じ」

2 善照寺砦に到着した時

（善照寺砦に到着してからの記述には疑問がある。説明のため丸囲み数字を仮につけた。以後原文）

①「御人数立てられ、勢衆揃へさせられ、様体御覧じ」

②「御敵今川義元は四万五千引率し、おけはざま山に人馬の息を休めこれあり」

③「天文二十一壬子五月十九日午《うま》の剋《こく》（昼）、戌亥《いぬい》（北西）に向て人数を備へ、鷲津・丸根攻め落し、満足これに過ぐべからず、の由候て、謡《うたい》を三番うたはせられたる由に候」

④「今度家康は朱武者《あかむしゃ》にて先懸《さきがけ》をさせられ、大高へ兵糧入れ、鷲津・丸根にて手を砕き、御辛労《しんろう》なされたるに依て、人馬の息を休め、大高に居陣なり」

⑤「信長善照寺へ御出でを見申し、佐々隼人正《さっさはやとのかみ》・千秋《せんしゅう》四郎二首《ふたかしら》、人数三百ばかりにて

義元へ向て足軽に罷《まか》り出《い》で候へば、噇《どっ》とかかり来て、鑓下にて千秋四郎・佐々隼人正初めとして五十騎ばかり討死候。是《これ》を見て、義元が戈先《ほこさき》には、天魔鬼神も忍《たまる》べからず。心地はよしと悦《よろこん》で、緩々《ゆるゆる》として謡をうたはせ、陣を居《すえ》られ候」

⑥「信長御覧じて、中嶋へ御移り候はんと候つるを」

疑問A　⑥で信長はなにを御覧じたのか

正面攻撃説では⑤の、《抜け駆けした佐々・千秋隊が中嶋砦近くで討ち取られる所を、信長が観戦していた》と解釈されているが、解釈が違うと思う。

①から⑥までの文は各々独立していて連続していない。②③④⑤はすべて後から聞いたことばかりなので、これらは後から追加した文と考えられる。元々①と⑥はつながった文だったと考えると信長の行動が理解できる。

⑥の「信長御覧じて」は、①の善照寺砦の「勢衆揃へさせられ」その様体を信長が御覧じた。つまり総勢三千の兵から、攻撃隊二千弱の兵を選別したのを御覧じたと読むべきで、佐々・千秋隊が討たれるところを御覧じていたのではない。まして義元が謡を歌っていたのを御覧じたのでもない。

①から⑥へ直接つなげて読むと、出陣から戦闘場面まで太田牛一が見たことを一気に書いた文で、早期に書かれていたと思われる。

後に『信長公記』首巻に載せる際、説明を要する部分があるので、②から⑤までの補足文をどこかへ入れようとして、①と⑥の間に割り込ませて清書したのであろう。後から追加したので、④では「松平元康」とすべきところ、時の権力者になっていた「家康」としている。

①の文は中途半端な終わり方になっているが、元は⑥に続いていたとすれば理解できる。

疑問B　戌亥の隊とは

正面攻撃説では③の「戌亥に向て人数を備へ」を、《桶狭間山の北西に軍を置いていたから、善照寺砦と中嶋砦を今川軍が囲んでいた》と解釈されている。戌亥の隊がいるところに向かって行ったと考えたので、佐々・千秋隊はすぐ近くで戌亥の隊（前軍）に討ち取られた、信長の見ている前で討たれたと解釈されたのであろうが、この読み方には疑問がある。

ここの読み方は、③の中での文章なので〈昼に北西（の桶廻間村方面）に兵を備えていて（戦って勝ち）、また鷲津砦、丸根砦も攻め落とした。それを義元が満足して謡を三番歌ったと聞いた〉と解釈すべきである。③の中だけで文章は完結している。聞いたことなので簡略になっていて、わかりにくくなっている。

戌亥の隊とは、先鋒隊として善照寺砦から出た佐々隊に対する備えの隊（今川軍の先頭にいた隊）のことを指しているのであって、善照寺砦・中嶋砦を囲んでいた隊の記事ではないと考える。

方角は正確ではないが、正確な地図のない時代の方角は大まかである。例えば、熱田の神社から「東」に砦の煙が見えたとしているが、正確には「南東」で、45度異なっている。なお、③で「天文二十一（年）」としているのは「永禄三年」の誤りである。後二か所にもあるが省略する。

疑問C　佐々・千秋隊はどこで戦ったのか

佐々・千秋隊は《抜け駆け》したのではなく、信長の命令に従って善照寺砦に待機していて、信長が到着してすぐに出発していたと考えられる。

⑤に「義元へ向て」出たとあるから、義元がいない鳴海城へ向かったのではない。参謀本部説の鷲津砦方面で戦ったのでもない。義元の本陣を目指して近くまで行っていたことがわかる。戦った場所は、義元が言う通り本隊の「戈先」（進軍の先頭）と戦ったのである。義元は沓掛城を出て、大高城へ入るために進軍してきており、南北に長い隊列となっている。その戈先とは、田楽狭間《でんがくはざま》（豊明史跡）から南西一㎞にある桶廻間村（名古屋市緑区桶狭間）と考える。

沓掛城から田楽狭間（豊明史跡）を通って桶廻間村方面へ進軍中の今川軍の先頭へ佐々

隊が急に現れたら、次のようになったであろう。

佐々・千秋隊三百は善照寺砦を出て桶廻間村方面に向かい、やがて進軍して来た今川軍先頭に攻撃を仕掛ける。今川軍は進軍を止め、すぐ伝令を後方へ走らせ、後方一㎞にいた総大将の義元に「敵が桶廻間村に現れた」と通報する。義元は即座に主力戦闘部隊に桶廻間村へ行くよう命令する。総大将の義元は戦場まで行くことはなく、塗輿を降りた場所（豊明史跡）を仮の本陣とする。戦況報告からさらに多くの兵を前線へ向かわせる。したがって義元本陣の守備は手薄になったのである。

疑問D　佐々らの役目は何か

佐々らは先頭の隊に攻撃を仕掛けたので、当初は優勢に戦ったであろう。しかし、兵が続々と送り込まれてくるので、やがて取り囲まれてしまい、ほぼ全滅に近い敗北となるが、今川の主力戦闘部隊を義元本隊から切り離し、引き付けておく「おとり」の役目で、信長の作戦を実行したのである。佐々らの働きで、義元は本陣と主力戦闘部隊とを自らの命令で切り離し、陣としては無用心な谷間の低地に仮の本陣を構えることになった。その場所こそ田楽狭間（豊明史跡）であった。

義元は朝の砦戦の勝利報告に続き、昼に先頭で始まった戦いの勝利報告を聞いて満足した。昼時でもあり昼食を兼ねた勝利を祝う宴の準備を命令したのである。

③に、満足して謡を三番歌ったとあるのは宴が始まっていたことを示していて、これは⑤の記事の内容と同じで、③と⑤は同じ時の話である。

勝利したので喜んで陣を据えたと⑤にあるので、これから戦に備える本陣にしたわけではない。

3 中嶋砦で信長が述べた言葉

「信長御覧じて、中嶋へ御移り候はんと候つるを、脇は深田の足入《あしいれ》、一騎打ちの道なり。無勢《ぶせい》の様体敵方よりさだかに相見え候。御勿体《もったい》なきの由、家老の衆御馬の轡《くつわ》の引手《ひきて》に取付き候て、声々に申され候へども、ふり切って中嶋へ御移り候。此時二千に足らざる御人数の由、申し候。中嶋より又、御人数出だされ候。今度は無理にすがり付き、止め申され候へども、爰《ここ》にての御諚《ごじょう》には、各《おのおの》よくよく承り候へ。あの武者、宵に兵粮つかひて夜もすがら来たり、大高へ兵粮を入れ、鷲津・丸根にて手を砕き、辛労してつかれたる武者なり。こなたは新手《あらて》なり。其上小軍にして大敵を怖《おそ》るることなかれ。運は天にあり、此の語は知らざる哉。懸《かか》らばひけ、しりぞかば引付くべし。是非に稠《ねり》倒し、追崩すべき事案の内なり。分捕《ぶんどり》をなすべからず、打捨《うちすて》たるべし。軍《いくさ》に勝ちぬれば此場へ乗りたる者は家の面目、末代の高名たるべし。只励むべしと御諚《ごじょう》の処に、前田又左衛門（他八名略）右の衆手々《てんで》に頸《くび》を取り持ち参られ候。右の趣《おもむき》一々仰聞かさせられ」

善照寺砦での信長は、中嶋砦への進軍を家老衆に止められても振り切って行っている。中嶋砦でも止められている。それを説得して東へ行ったのは、行かねばならない強い意志があったことを示していて、予定の行動であろう。

信長の言葉を聞くと、今川軍の動きを正確に把握していたことがわかる。敵が夜を徹して来て兵粮入れしたことも、早朝に各砦で戦ったことも、疲れた武者であることも知っている。ここでは新手の武者が迫ってきているのではないと信長の言葉からわかる。これは信長の情報網が機能していたことを示している。

しかし正面攻撃説では《新手なのに労兵と信長が誤解している》と逆に解釈していて《信長は十分な情報網を持っていなかった》としているが、いかがであろうか。

〈懸かってきたら引けばよい、退いたら出よ〉と、柔軟な戦い方をせよ、と述べているが、これは引き止めた家老衆と、中嶋砦に残される守備隊に向けた言葉である。

中嶋砦の守備兵は、朝から鷲津、丸根の砦が焼かれる煙を見ていて、自分達もあと少しで攻め立てられると覚悟していた。そこへ信長が二千弱の兵を引きつれて来たので、援軍が来たと思い喜んだ。ところが中嶋砦の兵を一部連れて行くというので砦の将、梶川平左衛門は驚いたに違いない。ここでも家老衆が取り付いて止めている。

〈攻めてきたとしても疲れた労兵であるから安心しろ。懸かってきたら引けばよい、退いたら出よ、なんとしても敵を追い崩せ、これも案の内に入っておる。首を取って自分の手柄にしようとするな、討ち捨てにせよ、戦に勝つことができれば、〈攻撃隊に参加していなくても〉この場にいる者は末代までの功名となるのである、はげめ〉と説得している。

この言葉を、正面攻撃説では《これから攻める攻め方を述べている》と説明しているが、そうではない。〈首は取るな、討ち捨てにせよ〉と命じているのは中嶋砦に残される守備兵に対して述べているのである。なぜかといえば、攻撃兵は本陣攻撃後、敵の首を全部取っている。守備兵には〈首を取ることは考えなくてもよい〉と言っていたのである。

4 中嶋砦を出てから戦闘まで

「山際《やまぎわ》迄御人数寄せられ候の処、俄《にわか》に急雨《むらさめ》、石氷を投打つ様に、敵の輔《つら》に打付くる。身方《みかた》は後の方に降りかかる。沓掛の到下《とうげ》の松の本に、二かい・三かいの楠の木、雨に東へ降り倒るる。余《あま》りの事に、熱田大明神《だいみょうじん》の神軍《かみいくさ》かと申し候なり。空晴るるを御覧じ、信長鑓をおっ取って、大音声《だいおんじょう》を上げて、すはかかれかかれと仰せられ、黒煙立てて懸かるを見て、水をまくるがごとく、後ろへくはっと崩れたり。弓・鑓・鉄砲・のぼり・さし物、算を乱すに異ならず。今川義元の塗輿《ぬりこし》も捨て、くずれ逃れけり」

中嶋砦から山際へ行っている。（後に説明するが、山際とは太子ケ根の麓、北谷のこと）

急に強い雨が降り、雹《ひょう》が混ざっていた。沓掛の峠では大木が東へ倒れているので竜巻が北方を通過したようだ。しかし長く降ったわけではなく、討ち入る時には晴れたとあり、豪雨の中での戦闘ではない。信長が「かかれかかれ」と号令をかけているので、これが戦闘開始である。

「黒煙立てて懸かる」とあるのは、織田軍が土煙を立てて一斉に走って突入している表現で、「水をまくるがごとく」は突入に対して、ひしゃくで水を撒く時のように放射状にさっと退いた表現であり、一瞬で崩れている。

「弓・鑓《やり》・鉄砲・のぼり・さし物、算《さん》を乱すに異ならず」と義元本陣に武器などが折り重なって転がっていたとある。すぐに武器を手にすべきなのに、鑓を構える時間もなかったのである。塗輿も放置されており、今川軍には突然の出来事だった。『信長公記』は、まさに不意打ちにより急に攻撃された義元本陣の実態を表現していたとわかる。

5 義元は東へ退いて討たれる

「旗本《はたもと》は是なり。是へ懸れと御下知《げち》あり。未《ひつじ》の剋《こく》(午後二時)、東へ向てかかり給ふ。初めは三百騎ばかり真丸になって、義元を囲み退きけるが、二・三度、四・五度帰し合せ帰し合せ、次第々々に無人《ぶにん》になりて、後には五十騎ばかりになりたるなり。信長も下《お》り立って、若武者共に先を争ひ、つき伏せ、つき倒ほし」

戦場の様子が目に浮かぶように記述されている。「旗本は是なり。是へ懸れ」は、三百の兵が丸くなって東へ退くのを信長が見て、中に義元がいると確信して「是へ懸れ」と命令している。「未の刻、東へ向てかかり給ふ」とあり、信長も馬を降り、一緒になって午後二時頃東へ攻めかかっていたと記述している。その後〈服部小平太が義元に突きかかり、膝を切られるが、毛利新介が切り伏せ、義元の首を取る〉と続く。

なお三百騎は親衛隊の武士三百人を示していて、騎馬隊のことではない。今川軍は多くの兵がいたはずだが、その後援軍はなかった。主力戦闘部隊は南西一㎞離れた桶廻間村にいて、本陣と切り離されていたので突入に気付いていないのである。

6 戦場の地形・深田に足を取られる

「おけはざまと云ふ所は、はざま、くてみ、深田足入れ、高み、ひきみ、茂り、節所《せっしょ》と云ふ事限りなし。深田へ逃げ入る者は、所をさらずはいづりまはるを、若者ども追付き追付き、二つ・三つ宛《ずつ》、手々《てんで》に頸《くび》をとり持ち、御前へ参り候。頸は何《いず》れも清洲にて御実検と仰出だされ、よしもとの頸を御覧じ、御満足斜《なな》めならず。もと御出で候道を御帰陣候なり」

戦場となった場所「おけはざま」は「はざま、くてみ」とある。「はざま」は狭間で谷間を表し、「くて」は「湫」で、湿地を示している。「み」は所を示す接尾語で「高み」「ひきみ」の「み」と同じ。したがって「はざまくみて」の誤写ではない。「長久手」「大久手」など尾張にはよくある地名だが、湿地帯であったことから付いた名である。

〈桶狭間という所は、谷間の湿地帯で、足を取られる深い田があり、高い所、低い所、茂みなど、変化にとんだ場所〉と説明していて、戦場となった「おけはざま」は低地と説明している。この説明は豊明史跡の地形と一致していて、戦場は山の上ではなかった。

深い田に足を取られて討たれる兵があるが、豊明史跡の東（東海道沿い）には細い川（皆瀬川）が現在でも東へ流れていて、深田はその辺りと考えられる。五月十九日は新暦の六月二十二日なので田植時で田に水が張ってあり、足を取られる泥田となり「深田」と表現されたのであろう。

その後の記述に、〈二俣城主松井（宗信）一党二百人討死〉とか、〈大高の湊に千艘の武者舟が集められていた〉など重要な記述が続くが、検討はここまでとする。

7『信長公記』の疑問

『信長公記』には作戦が明確に記されていない。そこで正面攻撃説では《作戦はなかった》とされたのであろうが、佐々隊を《抜け駆けした》と読んだことは誤りと考える。

信長には佐々隊をおとりとする巧妙な作戦があったが、信長はこの作戦を極秘にしていたので家老達も知らず『信長公記』に明確な作戦の記載がないのであるが、次の記述に作戦があったと知ることができる。

「御国の内へ義元引請けられ候の間、大事と御胸中に籠り候と聞へ申候なり」

〈義元が攻めてくるのを、信長公は大事なこととして胸の中に考えを秘していたと、後から聞いた〉のである。

以上『信長公記』の内容を確認してきたが、正面攻撃説には次の疑問がある。

① 信長軍が「前軍と戦った」とする記述はあったであろうか。

② 「山上の本陣に攻め上がる」、「山の上に本陣があった」と読めるであろうか。

（「おけはざま山」については後に述べる＊）

③ 「正面攻撃した」とする記述はあったであろうか。

何度読んでも正面攻撃とは読めないのは筆者だけであろうか。

七　義元本陣の場所

江戸時代の史料には義元本陣を「桶狭間・田楽窪《でんがくがくぼ》・田楽久保《でんがくがくぼ》・デンガクガツボ・田楽《でんがく》坪《つぼ》・田楽狭間《でんがくはざま》・屋形狭間《やかたはざま》」と多くの呼び方で表記されているが、実はこれら地名はすべて豊明史跡のことを示している。

豊明史跡は現在「南舘《みなみやかた》」の地名で、古くから「やかた」と呼ばれており「屋形狭間」は豊明である。『今川義元桶迫間合戦覚』には、義元が「駿河の御屋形様」と呼ばれていたことから「屋形狭間」と言われるようになったとある。

『桶狭間古戦場之図』（図6）は、豊明史跡を図で示し、宝永二年（一七〇五）に天野信景《さだかげ》著の随筆集『塩尻』に掲載された図である。図中の説明には「古名田楽はさま、今は屋形狭間と云」とあるが、これは正しいと思う。

（図7）もほとんど同じであるが、〈宝永《ほうえい》五年（一七〇八）五月十八日、屋形狭間に於て之を描く〉としており、屋形狭間を桶狭間古戦場としている。池の左に「此所ヨリ太子ガ根山見エル」とあるので、現地で確認して描いたとわかる。文中に「屋形狭間、古くは田《でん》楽窪《がくがくぼ》というところ」ともあり、古い史料には義元本陣を「田楽窪」としている。

戦から二十七年後の、雪斎三十三回忌法要の記録に「礼部（義元）、尾の田楽窪に於て一戦」と『今川家由来』にあり、古くから田楽窪と言われていた。

「田楽窪」は、豊明史跡から北東二㎞、当時の主街道であった鎌倉街道の現在藤田医科大学のある場所でもある。古くから歌に詠まれていて全国的に名を知られた場所。

「田楽狭間」は有名な場所ではないので、「田楽」と聞いて、有名な鎌倉街道の「田楽窪」と勘違いされたと思う。鎌倉街道の「田楽窪」の方を「でんがくがつぼ・デンガクガッボ」と記している史料が多数ある。筆書きなので「クボ」を「ツボ」と読み間違えた史料が古くからあって、「坪」と当て字され、「田楽窪《でんがくがくぼ》〜デンガクガクボ〜デンガクガツボ〜田楽《でんがくが》坪《つぼ》」と変化したと考えられる。

承応《じょうおう》二年（一六五三）の山鹿素行《やまがそこう》『海道日記』に「ヲケハザマ、デンガクガツボここに今川義元の打死の所とて塚あり、左の山の間のサワにあり」としており、東海道を西に進む際、左の山の間の沢に塚があったとある。（図6・7の上下に線があるが、これが沢）

山鹿素行は四年後に出版した『東海道日記』では、「デンガクガツボ」を「田楽窪」に書き換えている。指摘されて直したと思う。

宝永《ほうえい》六年（一七〇九）の大曽根佐兵衛『東海道駅路の鈴』は、「でんがくがつぼ所の者は御屋形はざまと云」とある。これも東海道を旅した時に地元で聞いた記録。屋形狭間であるから「田楽坪《でんがくがつぼ》」も豊明史跡のこととわかる。

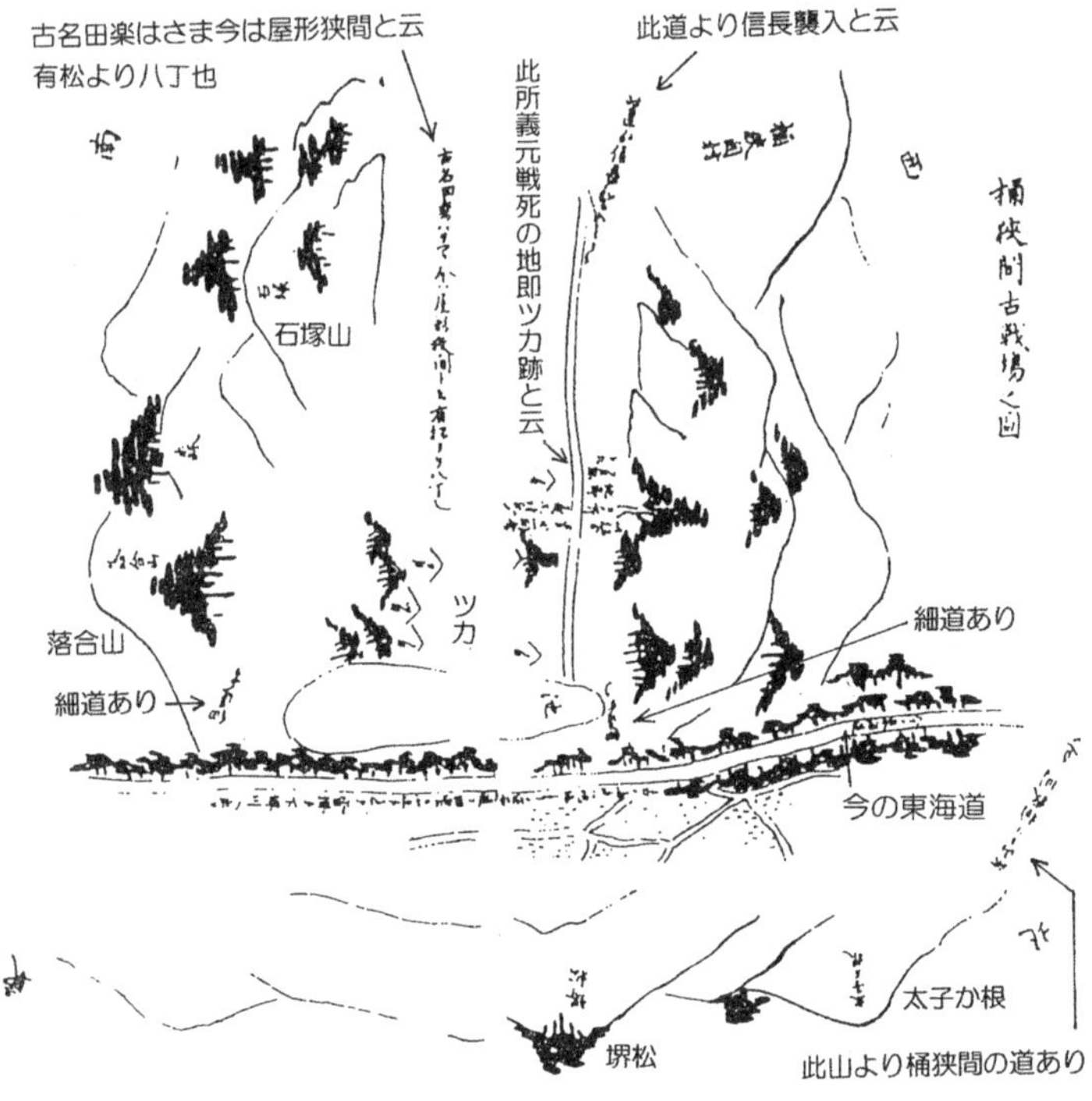

図６『桶狭間古戦場之図』宝永二年（1705）国立公文書館（塩尻）

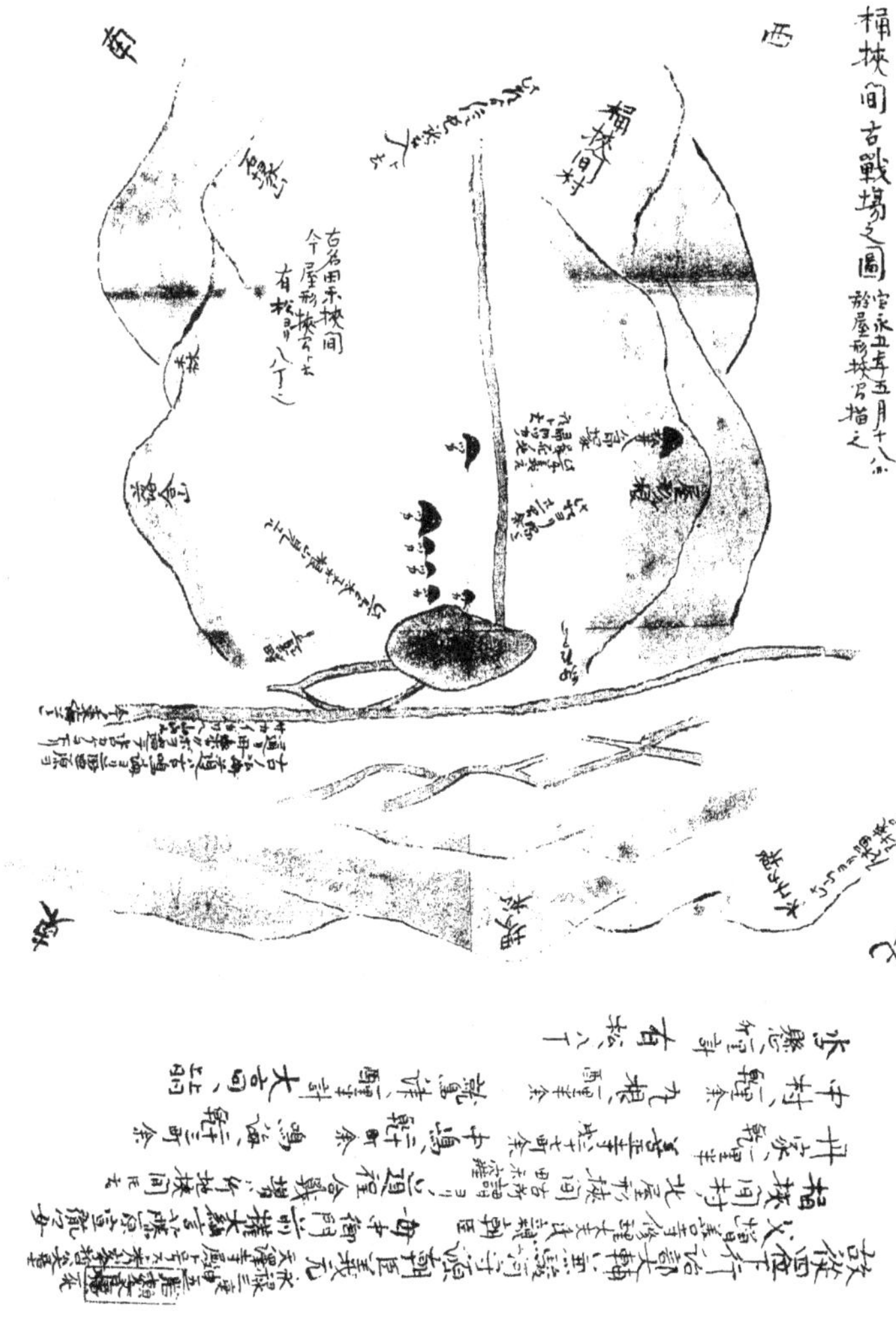

図７『桶狭間古戦場之図』宝永五年（1708）西尾市岩瀬文庫

一方、現在緑区の桶狭間古戦場公園を「田楽坪《でんがくつぼ》」としているが、「広坪」が元の地名。田楽坪と推定した地名が定着したと思われる

桶狭間古戦場公園は昭和六十三年にできた公園。碑石も昭和八年以後に造られた物ばかり。文化十三年（一八一六）の「桶狭間古戦場」と読める碑石があるが、元は東海道にあった道標と判明している（『真実の桶狭間合戦』）。

ただし桶狭間古戦場公園の北二百m、桶狭間北二丁目に「七ツ塚」＊と呼ばれる塚があり、桶狭間合戦と関係があると考えられるので注目に値する。七ツ塚の地は昭和末頃まで字《あざ》「武路《たけじ》」であった。

八　進軍経路

1　今川軍の進軍経路

今川義元は沓掛城を出て大高城へ入ろうとしていた。前日夜に松平元康（家康）が兵糧入れ＊をしているのは義元を迎え入れるためである。大高城を囲む丸根砦・鷲津砦を陥落させたのも、義元が大高城に入る安全確保のためであり、その後大高城を守る砦にするためでもある。

　今川軍の進軍経路については、豊明市の旧間米《まごめ》村にあった史料『桶狭間合戦名残《なごり》』（図8）に図入りで示してある。それによれば、沓掛城を

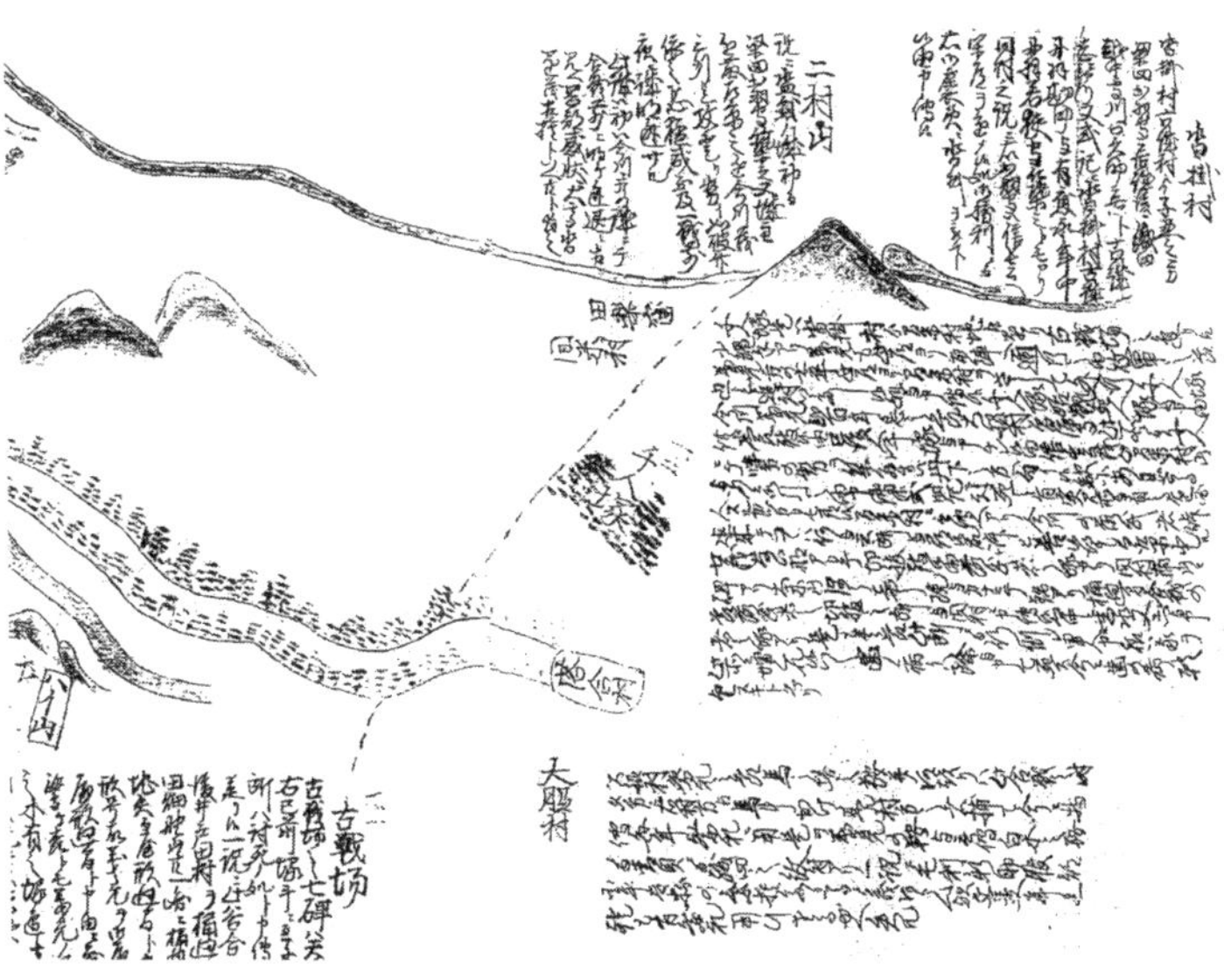

図8『桶狭間合戦名残』間米村にあった史料に描かれた今川軍進路
上が北

出てから鎌倉街道を二村山《ふたむらやま》の峠まで行き、峠から南へ折れ、間米村から「小縄手」を通って「古戦場」へ行ったとある。古戦場は豊明史跡のこと。

戦の後、落ち武者が敗走してきて間米村で行き倒れた者もいたと伝え、切腹した武将もいて、その塚もあると記してある。武将が切腹した場所に建てられたとする村の寺、宝《ほう》性院《しょういん》には「明和元年（一七六四）今川義元、菩提所《ぼだいしょ》、宝性院」と記された厨子《ずし》があった。昭和五十一年に廃寺となるが、厨子は沓掛の慈光寺《じこうじ》に移されて現存する（『豊明市史』）。間米村で死んだという今川の兵士志水《しみず》又六の石碑が、現在も祀られている。

地元に伝わる記録で石碑などもあり、この進軍経路は事実としてもよいであろう。

2 織田軍の進軍経路

信長が中嶋砦まで来たことは『信長公記』にあるが、その先は「山際《やまぎわ》迄御人数寄せられ候の処、俄《にわか》に急雨《むらさめ》」とあり、「山際」がどこか明確な表現にはなっていない。しかし『桶狭間合戦記』山澄英竜著には、「太子《たいし》ケ根《がね》の麓に至る。時に天俄《てんにわ》かに黒雲」とあり、山際は太子ケ根の麓とわかる。

『桶狭間合戦申伝写《もうしつたえうつし》』には「閑道《かんどう》扇川《おおぎがわ》を登りて会下《えげ》山北谷《やまきたたに》辺りに御着陣」とあり、扇川の土手は道になっていたようで、会下山の北の谷に着いたとある（太子ケ根は会下山とも呼ばれていた）。

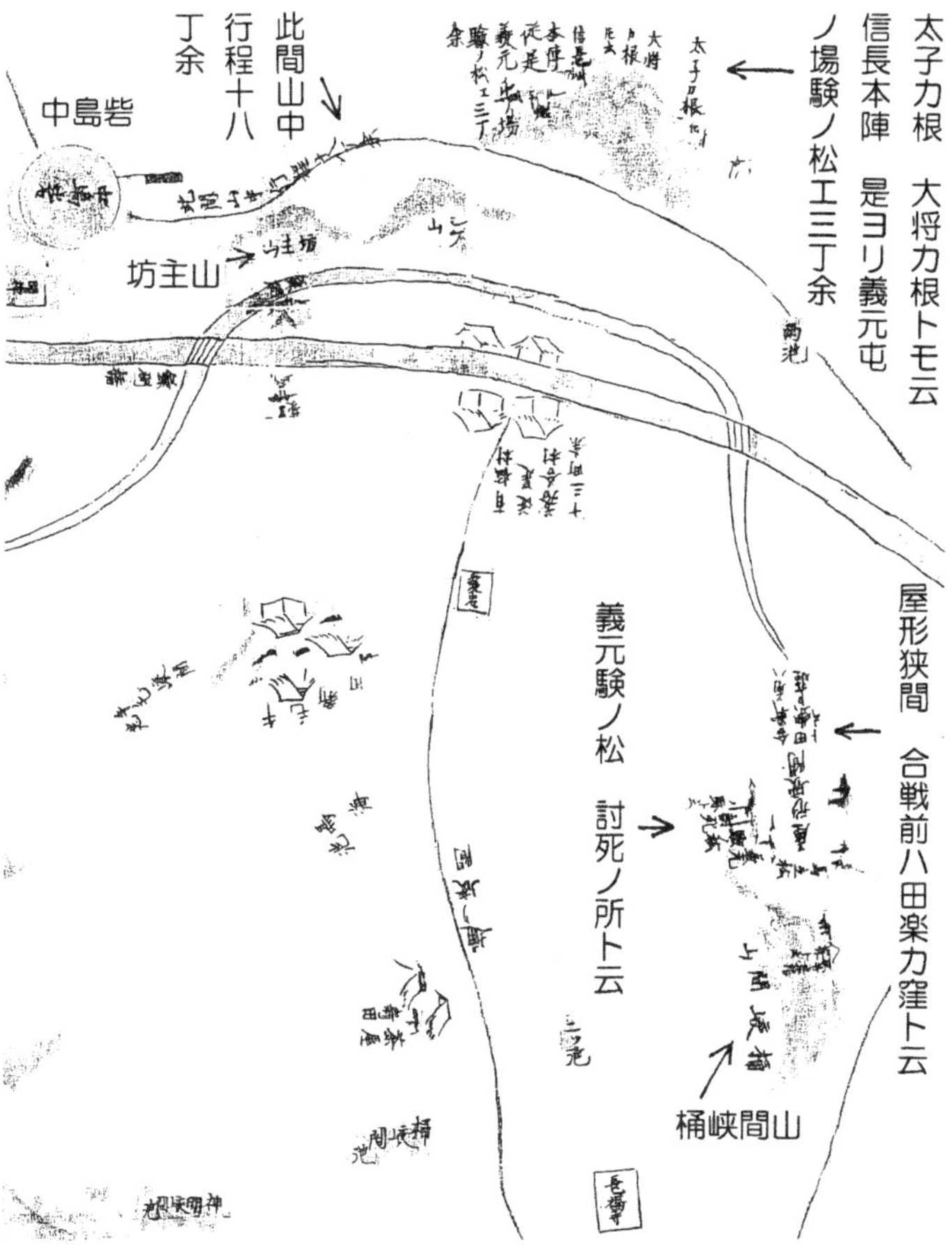

図９『桶峡間図』（蓬左文庫）に描かれた信長軍進路　上が北

『桶峡間図《おけはざま》』（蓬左文庫《ほうさ》）（図9）には織田軍の進路が図で示してある。中嶋砦から東へ進み、「此の間山中行程十八丁余（約二㎞）」とあり、「太子ケ根」へ至り「信長本陣」にしたという。しかも坊主山《ぼうずやま》の北の道を通っている。坊主山は現在の平子《ひらこ》が丘で、その道は焼田橋《やけた》南信号から東に向かう坂道で現在もある。『明治24年測地地図』（181頁図25）にもその道の記載はあり、天満宮（菅神廟）に向かう道で、古くからあったと思われる。太子ケ根からの進路は『塩尻』に次のようにある。

「太子が根より二手に分《わか》ち、一手は駿兵の先手にあたらせ、自《みずから》も南へまはり来《きた》りて田楽が窪（豊明史跡）の本陣を攻、急に撃《うち》たまひしが駿兵不意に襲《おそわ》れ（中略）駿兵狼狽《ろうばい》して東に走る」

織田軍は兵を二手に分けていて、先鋒の一手が太子ケ根から今川軍の先手（行軍の先頭）と戦ったという。その一手は先鋒隊として善照寺砦を出たと『信長公記』にある佐々隊のことであろう。その後、信長自身は南から回ってきて急に本陣を攻めたという。『桶狭間古戦場之図』（図6・7）の南西に「此道《このみち》より信長襲入《おそいいる》と云《いう》」とあるので、信長は豊明史跡の南から攻めたことが確認できる。

松平君山《くんざん》の『張州府志《ちょうしゅうふし》』には次のようにある。

「信長山の後《うしろ》を循《めぐる》、其《その》不意を疾撃《しつげき》、義元隊中に突入」

信長が「山の後を循」は、豊明史跡の西の山の後ろをぐるりと回って南から突入していたということで、「南へまはり」とする『塩尻』と同じ。

甫庵『信長記』では、「敵勢の後の山に至《いたり》て推《おし》まはすべし。去る程ならば、山際までは旗を巻き忍び寄り、義元が本陣へかかれと下《げ》知《ち》し給ひけり」としていて、これは『張州府志』や、『塩尻』と同じで、「押まはす」は今川本陣の西の山を後ろから回って南から攻めろと命じていたこととわかる。

甫庵のこの言葉は、突入前に太子ケ根の北谷の信長本陣で〈山の後ろを回れ〉と信長が命令したのであるが、参謀本部は善照寺砦で述べたこととしていて《善照寺砦から北へ大きく迂回しろ》と信長が命令したと理解したので「迂回奇襲説」になったのであるが、参謀本部が甫庵『信長記』を読み誤っていたこととわかる。したがって参謀本部が推定した迂回路は誤りである。

『桶峡間図』本文中には「信長公御懸り口」として次のようにある。

「清須より熱田着陣、それより山崎村桜村を通り、野並村古鳴海村へ懸り、善照寺東狭間、

豊明史跡の北、左に太子ケ根の山があったが、住宅開発で崩された

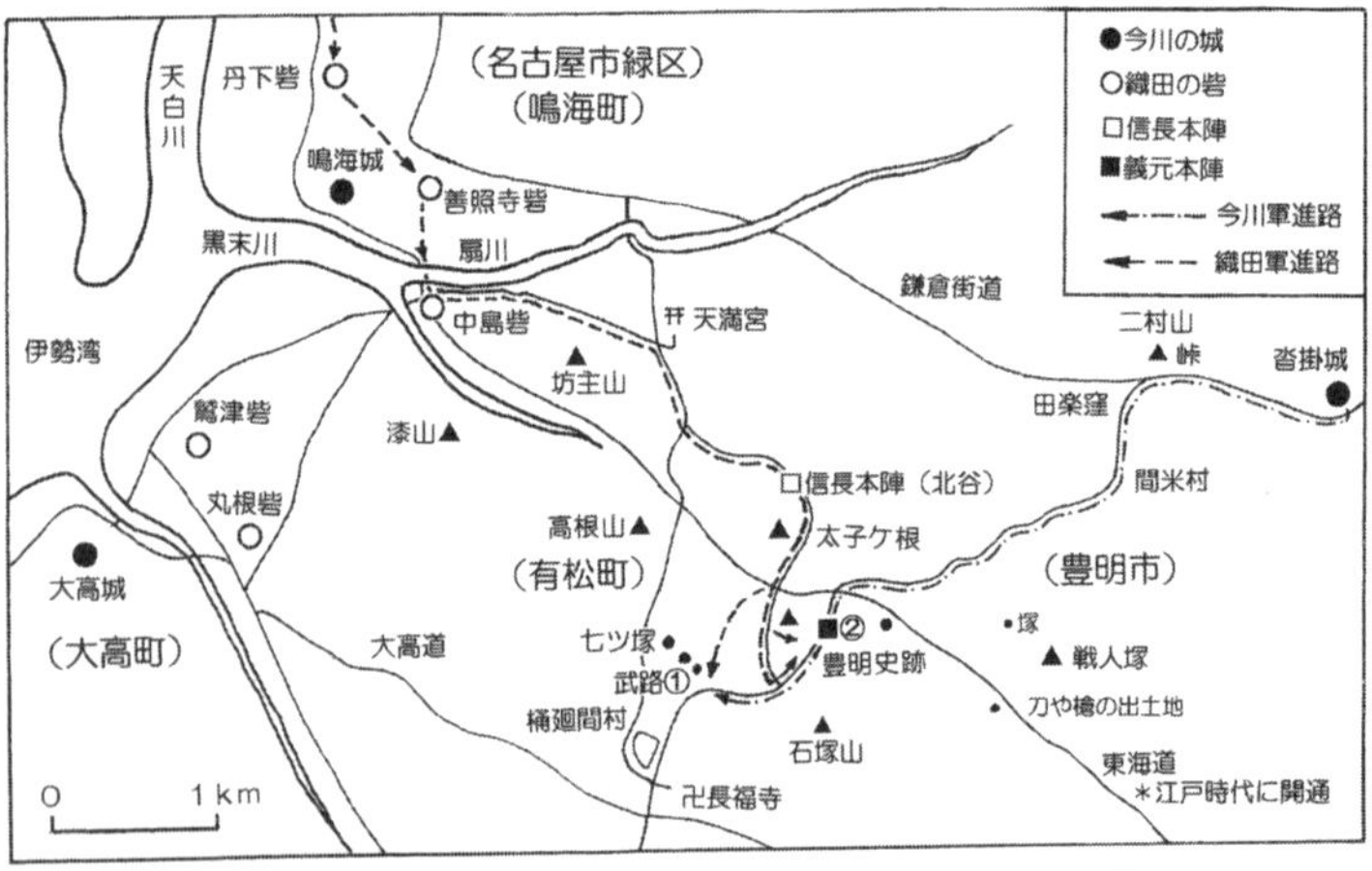

図10　桶狭間合戦の地図　①初戦(昼)　②本戦(午後二時)
今川軍進路は『桶狭間合戦名残』による
織田軍進路は『桶峡間図』と『塩尻』による

朝日出山で勢揃有て、相原に掛り中嶋の砦に入、直に東の山間へ押す、太子ケ根の麓より屋形狭間へ横入の由」

善照寺砦の東六百mにある朝日出山で勢ぞろいしていて、中嶋砦から東の山路を通り、太子ケ根の麓に至り、屋形狭間（豊明史跡）へ横から入ったという。

なお、蓬左文庫の『桶峡間図』は横幅二mを超える巨大な図で（図9）はその一部。尾張徳川藩が研究して図にまとめていたと考えられる。

３　織田軍先鋒隊の進路

『塩尻』に「一手は駿兵の先手にあたらせ」と、兵を二手に分けたとあったが、その一手は重要と考える。『松平記』も二手に分けたとしている。

「善照寺の城より二手になり、一手は御先衆《おさきしゅう》へ押来《おしきたり》、一手は本陣のしかも油断したる所へ押来《おしきた》り」

『信長公記』では、善照寺砦から、佐々隼人正《はやとのかみ》と千秋《せんしゅう》四郎が三百で「義元へ向て足軽に」出たとあるので、先手の一手は佐々隊とわかる。佐々隊が義元行軍の先頭（御先衆）に向かって行ったということになる。

初代尾張藩主徳川義直《よしなお》が、父家康の功業をまとめた『成功記』が蓬左《ほうさ》文庫にあり、次のように記している。

「是《これ》に於《おい》て先軍《せんぐん》を十町の外に出さしめ而《て》、桶峡《おけはざま》之山の北に陣す。信長の先鋒、佐々隼人正、千秋四郎、岩村長門守等義元の先陣に入て死す。是により義元益々謾侮《まんぶ》の心有り也《や》」

〈義元は先軍を十町の外に出し、桶狭間の山の北に本陣を構えた。信長の先鋒、佐々らが義元の先陣に攻めかかり討ち死にするが、その報告により義元は益々慢心したようだ〉

豊明史跡から十町（一・一km）先とは、桶廻間村武路《たけじ》（緑区桶狭間北二丁目）のことで、距離は合っている。武路に「七ツ塚」があることから戦いがあったとわかる。

佐々隊は抜け駆けではなく、桶廻間村武路へ行っていたのである。

義元は「桶狭間の山の北」に本陣を構えたとしているが、それは先頭で戦いが始まったので、仮の本陣にしたのであって前から予定していた本陣ではない。そこは不用心な狭間の谷（豊明史跡）であるが、勝ったと報告があったので安心して本陣としたのである。

さらに『成功記』は次のように記す。

「此時《このとき》直に義元の陣を襲いて急に撃ちたるは則《すなわち》彼を擒《とりこ》に不《せん》ため哉《かな》、是《これ》其の不意を計《はか》るの道なり」

〈義元本陣を急に襲ったのは、義元を捕えるための不意討ちする作戦である〉

徳川義直は、戦から六十五年後の寛永二年に「桶狭間古戦場　御巡覧」と『源敬《（義直）》様御代御記録』にある。『成功記』を書くための取材であったと思われる。尾張には戦った父から聞いた者もいたので、殿様が古戦場を見たいといえば、家臣の中で詳しい者が案内役を務めたはずである。豊明史跡を訪れていたので説明を聞き、この記述になったとわかる。

義直は家康の息子である。『成功記』は息子が父親のことを書いた江戸時代初期の史料で、信憑性は高いと考えられる。

七ツ塚（緑区桶狭間）。佐々らが埋められた塚跡と思われる

清洲城を信長と共に出た筆頭小姓の岩室長門守は、佐々らと共に討ち死にしている。おそらく岩室は信長と打ち合わせができていて、作戦の監督を命じられていたのであろう。善照寺砦で佐々隊と合流し、佐々隊を桶廻間村まで道案内して、今川軍と戦う段取りを指示し、信長に成功を報告する役目であったが、今川軍に囲まれてしまい討死してしまったと思われる。

なお、岩室長門守は翌年の於久地（大口町小口）での戦いで討死と『信長公記』にあるので疑問視する方がいるが、於久地の戦いでは「若衆にまいられ候岩室長門守、かうかみ《（こめかみ）》をつかれて討死」とあるので、〈新たに若衆になった方の長門守〉という意味で、筆頭小姓の長門守ではない。信長は討たれた長門守を評価していたので、弟に長門守を継がせて新たに小姓としたが、若くて技量が足らず、討たれてしまったということであろう。

九　桶狭間合戦の実態（注で、補足した証拠史料を後ほど詳しく解説する）

永禄三年（一五六〇）五月十九日朝、今川義元本隊は五千余の兵を引き連れて沓掛城を出発し、大高城へ向かう。隊列は二km以上に及び、義元は塗輿に乗って先頭から一km後方にいた。

織田信長は当日の朝早くに岩室長門守ほか主従六騎で清洲城を出陣。熱田神宮（当時は熱田社）に来た午前八時に、大高の鷲津砦と丸根砦から立ち上る煙を確認、上道を通って急ぐ。善照寺砦に待機させていた佐々隼人正・千秋四郎らを先鋒として、岩室長門守と共に三百の兵ですぐ出発させた。

初戦（図11）

佐々らは太子ケ根を通って桶廻間村へ向かう。昼頃、行軍してきた今川軍先頭と桶廻間村武路①で戦った（武路とは「七ツ塚」がある現在の名古屋市緑区桶狭間北二丁目）。

一km後方にいた今川義元は、伝令から敵襲来の報せを聞き、即座に桶廻間村①へ主力戦闘部隊を送り出す。塗輿を降りた田楽狭間（豊明史跡）②に仮の本陣を構えるが、本陣の守備は手薄となる。

佐々らは当初優勢に戦ったが、やがて続々と送り込まれてくる兵に囲まれて討たれる。今川軍先頭の松井宗信《むねのぶ》と井伊直盛隊が佐々、千秋、岩室の首を本陣へ届ける（注1）。義元はその首を見て大高の砦戦に続く勝利の報せに喜ぶ。

「義元が戈先《ほこさき》には、天魔鬼神も忍《たま》べからず。心地はよしと悦《よろこん》で、緩々《ゆるゆる》として謡をうたはせ、陣を居《すえ》られ候」と『信長公記』にある。「義元が戈先」とは行軍を鑓《やり》に例え、その先端が戈《ほこ》、つまり行軍中の今川軍先頭の隊が「天魔鬼神」と言われた信長を討ったと褒め、勝利を確信して塗輿から下りた場所を本陣にして勝利の宴を開き、謡を歌い油断した。

佐々隊には今川軍を先頭に引き付ける

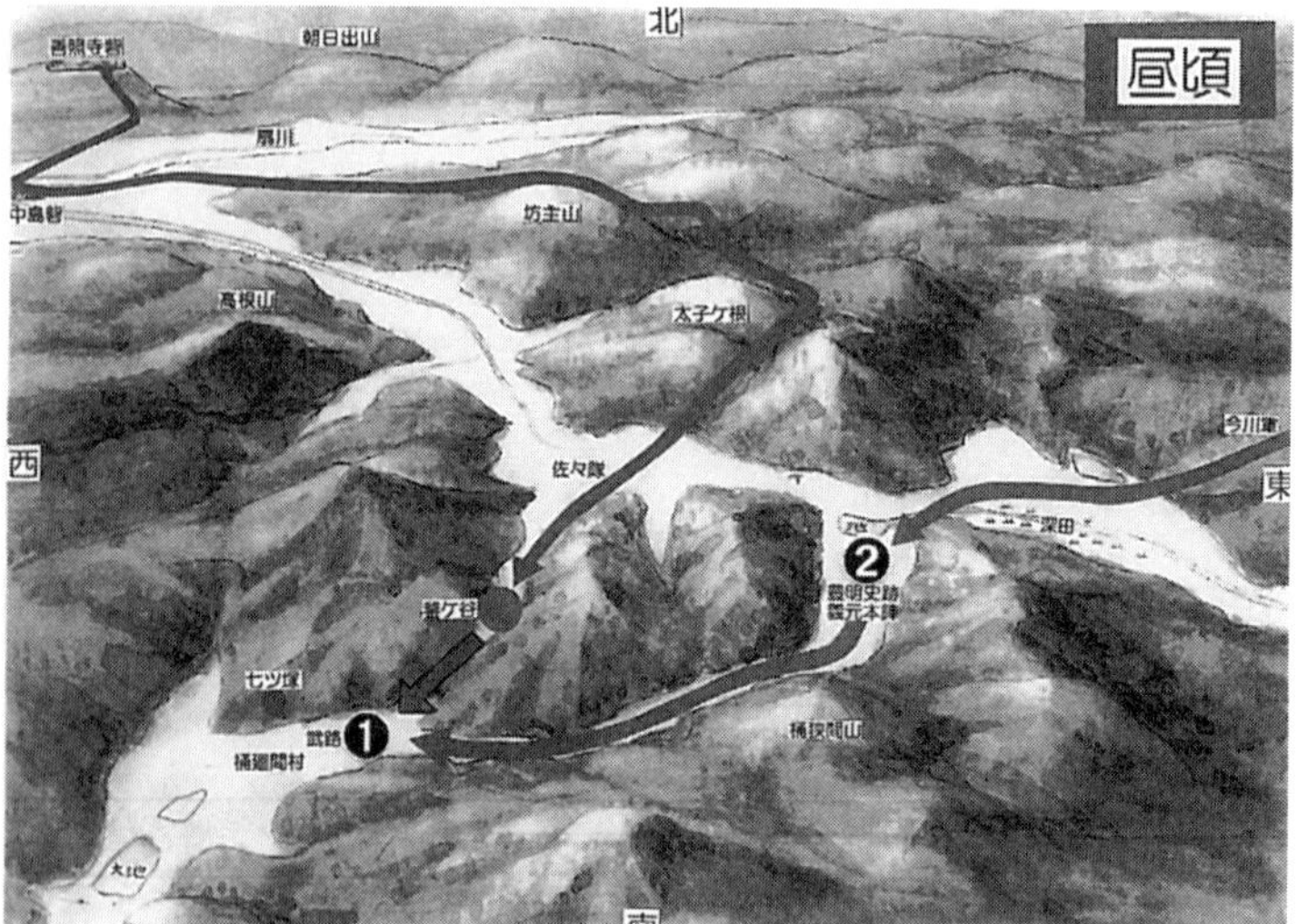

図11 初戦 昼頃、今川軍本隊先頭の隊を佐々隊が攻撃する

おとりの役目があった（注2）。

本戦（図12）

信長は二千の兵で中嶋砦から東へ向かい、坊主山の北の山道を最短経路で通って太子ケ根の麓に至り、北谷を信長本陣として待機した。やがて義元が宴を始めた情報を忍びが北谷へ届け、簗田出羽守が「今なら大将を討つことができる、急がせたまえ」と信長に伝えた。

雨はやみ空が晴れた午後二時、信長は「山の後ろを押し回せ」と今川本陣への突入を命じた。また、「山の上に旗を立て、後続隊は山の上から下って攻めろ」と命じた。

信長軍は、義元本陣の西の山を回って南に出る。後続隊は旗を立てた西の山に

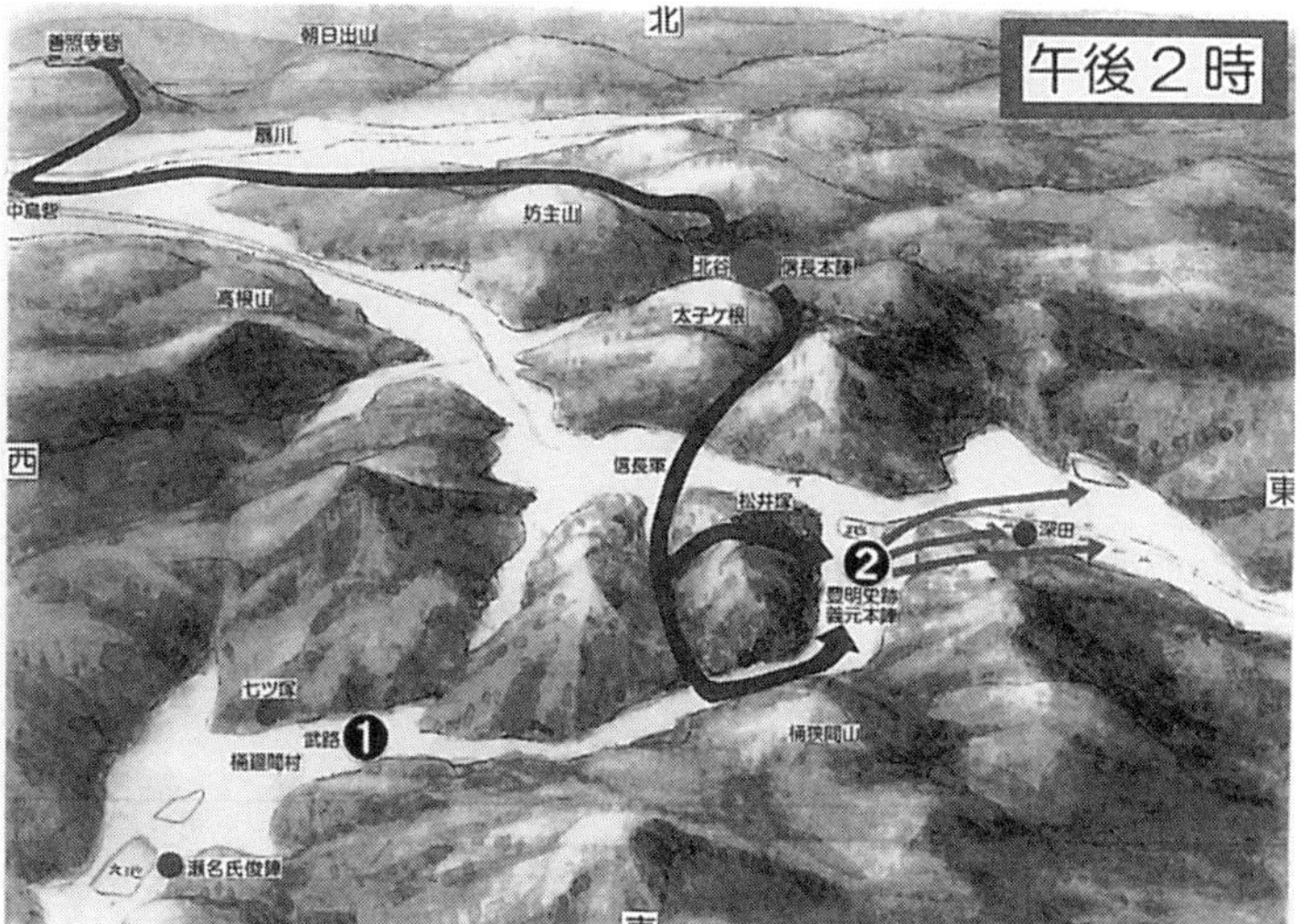

図12 本戦 午後二時、信長軍が南からと山の上から義元本陣に突入する

登る。鉄砲を合図に南からと、山の上から駆け下りる隊とが同時に義元本陣に突入した（注3）。

油断していた義元本陣は織田軍の突入があるとは誰も思っておらず（注4）、油断していたところに不意打ちとなって本陣は一瞬にして総崩れとなり、東へ逃げた。

義元は三百の親衛隊に囲まれて東へ逃げるが、織田兵は入れ替わりながら五度程攻めた。逃げる途中、親衛隊はぬかるんだ水田に足を取られて討たれ、五十に減った。

服部小平太が槍で義元を突くが、足を切られて倒れる。すかさず毛利新介が組みつき、左手の指を義元に食いきられながらも義元の首を取った。

今川軍は追撃されて東の戦人塚辺りまで死体が続き、二千五百人の死者を出し、今川軍

東海道（大正初期）豊明史跡の北から東向きに撮影。右の田が『信長公記』にある「深田」と思われる

の一方的な敗北となった。

桶狭間合戦は佐々隊をおとりとする信長の謀計により、義元を油断させ、急襲する不意打ちであった。

（注1）松井宗信《むねのぶ》・井伊直盛は今川軍の先頭にいた

『松井家系譜』（蓬左文庫『藩士名寄』尾張藩士松井小十郎系譜）宗信。

「永禄三年申《さる》五月十九日、義元尾州桶狭間に陣取り宗信旗本先手相勤め引率二百騎及び雑兵《ぞうひょう》七百余人、井伊肥後守与《と》同く陣列致候処、義元の本陣不意に戦起り義元信長公の為討死、宗信急に軍を返し而《て》一族郎党　悉《ことごとく》討死」

松井宗信は「先手相勤め」とあるので、行軍中の今川軍先頭に井伊直盛と共にいた。したがって佐々ら三百は、今川軍先頭の松井・井伊隊に攻めかかったとわかる。

『総見記《そうけんき》』では「佐々・千秋・岩室三人の首を本陣へ遣わし義元に見せ奉れば、義元弥《いよいよ》勇み誇て」とある。佐々ら三名の首は本陣に届けられている。その首を見て義元は「天魔鬼神もたまるべからず」と勝ち誇ったのである。

豊明史跡の西の山に松井宗信の塚と墓があるのは、戦勝報告のために松井が本陣に戻っていて、山から下って来た織田軍を防ごうとして戦い、討たれた場所を示している。

『松井家系譜』によれば、松井宗信の甥の宗親《むねちか》は桶狭間合戦から帰り、永禄十二年に家康の家臣となり、息子重親《しげちか》は慶長《けいちょう》六年（一六〇一）に尾張植田《うえだ》（名古屋市天白《てんぱく》区）に領地を与えられ、初代尾張藩主徳川義直の家臣となっている。松井宗信の戦死地が特定されているのは、ここで戦った宗親が尾張に来ていて、松井宗信の遠忌法要を塚の前で行っていたからであろう。義直は豊明史跡を訪れていたので、松井宗信の塚も確認したであろう。家臣となっていた松井重親に父から伝えられた話を聞いた可能性もある。

（注2）佐々・千秋隊はおとりの役を引き受けていた

信長の家臣であった父、道家尾張守から聞いたとする『道家祖看記《どうけそかんき》』に、佐々政次《まさつぐ》（隼

松井宗信の墓。右は七石表二号碑（松井の塚跡）

人正）が信長と打ち合わせていたとある。

「佐々下野守正次《(政)》（隼人正）、三百余りにて、六万余騎＊の押へを仕り候者、信長に出むかひ、それがし一人なりとも、今川と組み、打死せんとたくみ申すに、さても妙なる御出なり。それがし命を捨て候はば、今日の合戦に御勝ち候事必定なり。今日天下分目の合戦これなり。天下を治め給ひ候時、弟内蔵佐《くらのすけ》（成政《なりまさ》）我等倅《せがれ》（清蔵）を御見捨てさせ給はでとて、我々は東むきに、今川旗本へ乱れ入るべし。殿（信長）は脇鑓《わきやり》に御向ひ、鉄砲弓も打捨て、唯無体《むたい》に打ちてかからせ給ひ候へとて、押向ふ」

佐々政次は死を覚悟していて、そのかわり弟内蔵助（成政）と倅（清蔵）の将来を頼み、自分が今川軍の押さえをする（引き付けておく）ので、殿（信長）は脇鑓に（横から）攻めるようにと計略を述べて今川旗本へ向かって行ったとある。打ち合わせていたので抜け駆けではない。佐々隼人正は「おとり」の役目を引き受けていたのである。

弟の佐々成政は、このあと八月に戦功を賞されて春日井郡の内八千貫文（約八億円相当）を賜ったと『武功夜話《ぶこうやわ》』にある。桶狭間合戦一番の戦功で沓掛三千貫文をもらったとする簗田出羽守《やなだでわのかみ》よりはるかに大きい。倅の清蔵も十五歳で比良《ひら》城主になっていて、信長は約束を守っていた。佐々隼人正政次こそ桶狭間合戦での戦功一番であった。

なお後で記すが、信長との打ち合わせに千秋四郎も同席していたとする史料がある。

（注3）山の上からも攻撃があった

『松平記』は次のように記す。

「永禄三年五月十九日昼時分大雨しきりに降。今朝の御合戦御勝にて目出度《めでたし》と鳴海桶はざまにて、昼弁当参《まいり》候処《そうろうところ》へ、其辺の寺社方より酒肴《さけさかな》進上仕《つかまつ》り、御馬廻《うままわり》の面々御盃《おさかずき》下され候時分、信長急に攻来り、笠寺《かさでら》の東の道を押出て、善照寺の城より二手になり、一手は御先衆へ押来、一手は本陣のしかも油断したる所へ押来り、鉄砲を内掛《うちかけ》しかば、味方思ひもよらざる事なれば、悉《ことごとく》敗軍しさはぐ処《ところ》へ、山の上よりも百余人程突て下り、服部小平太と云者長身の鑓にて義元を突申候処《つきもうしそうろうところ》、義元刀をぬき青貝柄《あおがいえ》の鑓《やり》を切折り、小平太がひざの口をわり付給《たま》ふ。毛利新介と云もの義元の首をとりしが、左の指を口へさし入、義元にくひきられしと聞えし」

寺社方（僧侶や神官）が酒肴を持ってきたこと、攻撃のあった「時分」の状況、鉄砲を撃ちかけられたこと、「山の上よりも百余人程突て下り」などかなり具体的であり、その場にいた人にしかわからないことが書かれていて、実際に本陣にいた兵からの報告と考え

郵便はがき

料金受取人払郵便

新宿局承認

2524

差出有効期間
2025年3月
31日まで
(切手不要)

160-8791

141

東京都新宿区新宿1－10－1

(株)文芸社
愛読者カード係 行

ふりがな お名前		明治　大正 昭和　平成　年生　歳	
ふりがな ご住所	□□□-□□□□	性別 男・女	
お電話 番　号	(書籍ご注文の際に必要です)	ご職業	
E-mail			
ご購読雑誌(複数可)		ご購読新聞 新聞	

最近読んでおもしろかった本や今後、とりあげてほしいテーマをお教えください。

ご自分の研究成果や経験、お考え等を出版してみたいというお気持ちはありますか。

ある　ない　内容・テーマ(　　　　)

現在完成した作品をお持ちですか。

ある　ない　ジャンル・原稿量(　　　　)

書　名			
お買上 書　店	都道 府県　　　市区 郡	書店名	書店
		ご購入日	年　　月　　日

本書をどこでお知りになりましたか？

1.書店店頭　2.知人にすすめられて　3.インターネット（サイト名　　　　　）

4.DMハガキ　5.広告、記事を見て（新聞、雑誌名　　　　　）

上の質問に関連して、ご購入の決め手となったのは？

1.タイトル　2.著者　3.内容　4.カバーデザイン　5.帯

その他ご自由にお書きください。

（　　　　　　　　　　　　　　　　　　　　）

本書についてのご意見、ご感想をお聞かせください。

①内容について

②カバー、タイトル、帯について

弊社Webサイトからもご意見、ご感想をお寄せいただけます。

ご協力ありがとうございました。

※お寄せいただいたご意見、ご感想は新聞広告等で匿名にて使わせていただくことがあります。

※お客様の個人情報は、小社からの連絡のみに使用します。社外に提供することは一切ありません。

■**書籍のご注文は、お近くの書店または、ブックサービス（0120-29-9625）、セブンネットショッピング（http://7net.omni7.jp/）にお申し込み下さい。**

られる。その兵とは盃の順番を待っていた馬廻り衆であろう。

『天沢寺記《てんたくじき》』に、「徳川衆御使として来る士」として、三河長澤城主の松平政忠《まさただ》含め七名の戦死者の名がある。政忠らは丸根砦の戦勝報告に義元本陣を訪れていて、祝宴に参加していたので討たれた。政忠の家臣で、逃げ帰った馬廻り衆の報告と考えられる。

『水野勝成覚書』にも山の上からの攻撃を伝えている。

「義元合戦は我等が生れる四年以前の永禄三年の事だが、聞くところによれば、おけはざまにて昼弁当をあがっているところを、上の山より服部小平太突きかかり」

「上の山より」は、『松平記』の「山の上よりも百余人程突て下り」が事実であったことを裏付けている。

水野勝成は慶長五年（一六〇〇）刈谷《かりや》城主になっている。戦のあと近い時期であり、地元なので実際に知っていた人から聞いた可能性は高い。

小瀬甫庵『信長記』に、「彼が陣取りし上なる山にて、旗を張らせ、各をり立って《（山を下って）》懸《か》かれと下知《げち》し給へば」とあるが、〈義元本陣の西の山に旗を立てて、後続隊は旗を目指して登り、各々山を下って突入せよ〉と信長が命じていたのである。

また『松平記』に、「鉄砲を討ちかけ」とあるのは、山に登った者も同時に突入するための合図であったと思われる。したがって二〜三発のことであろう。鉄砲の音で慌てるので、今川軍を混乱させる目的もあったと考えられる。

（注４）本陣の実態を記す弔古碑

豊明史跡に建っている『桶狭弔古碑《おけはざまちょうこひ》』（一八〇九）は、松井宗信の甥宗親の子孫、尾張藩士松井小十郎の二男で、氷室《ひむろ》家の婿養子になった津島の神官氷室豊長が「感ずる所あってこれを建てる」と碑陰記（裏面）に書いており、豊長が書いた内容で、今川本陣へ突入された時の状況を次のように伝えている。

〈敵が攻め込む鬨《とき》の声が背中の方から聞こえたが、誰もすぐに襲われるとは思っていなかった〉と、今川本陣が不意打ちされた時の状況を漢文で刻んである。軍中に酒が出たとも記す。「信長奇兵《きへい》を以て之《これ》を襲う」と、はっきり奇襲としている。

豊明史跡にある『桶狭弔古碑』　右は大正４年の碑

なお、碑面に「秦鼎撰《はたかなえせん》」とあるが、氷室豊長の文を格調ある漢文に置き換えたのが儒《じゅ》学者《がくしゃ》の秦鼎である。

この碑文は数少ない今川本陣にいた者の記録で、松井家にあった記録と思われる。今川側から書かれていて貴重である。

なお、義元は次のように述べたとある。

「曰《いわ》く明旦清洲を屠《と》りて朝食せんと」〈明日の朝は、清洲城を取ってから朝食にすると仰せられた〉という意味で、このような言葉は本陣で実際に聞いた者でなければ伝えることができない。したがって義元本陣にいた松井宗親が尾張に来ていて伝えた記録であろう。

十　信長はおとりの策を考えていた

『武功夜話《ぶこうやわ》』に、当時三十五歳の小坂雄吉《おざかかつよし》（著者の祖父）の覚書《おぼえがき》として、「三月晦日《みそか》」生《い》駒屋敷《こまやしき》（江南市小折《こおり》）で聞いた信長の言葉が記載してある。

「如何《いか》に治部少輔《じぶしょうゆう》（義元）鉄椎《てっつい》の構えといえども、勝に乗ずれば油断あり。駿・遠・三の大兵長途《ちょうと》の兵なり。この軍路を止めせしむるの策、普段野にある者よくよく勘考《かんこう》あってしかるべきと仰せられ。若《も》し治部少輔くつろぎの期これあり候《そうら》わば、天与《てんよ》の機なり。梁田《やなだ》弥次左（右）衛門、同鬼九郎とよく示し合せ、共に相計りて逐一《ちくいち》注進候え」

信長は「軍路を止めせしむるの策」を問いかけている。

〈長くなっている今川の進軍を止める策は、野にあるその方達ならわかるであろう、よく考えて工夫せよ〉

信長の考えのなかに、佐々らを差し向けて「軍路を止めせしむるの策」が二か月前には出来上がっていたことを示す証拠である。今川軍の先頭に攻めかかれば行軍は止まる。そうなれば義元がどう動くのか信長には想定できていて、まさにその予測通りに義元は行動していた。

自らの命令で兵を前方に送り出し、塗輿を下りた狭間の谷を仮の本陣とする。急なことで狭間となった谷に本陣を置いたのである。さらに、信長が義元をくつろがせようと考えていたことは信長の言葉「くつろぎの期これあり候わば」からわかる。したがって義元に、大高の砦戦と佐々隊との戦いにすべて勝たせて油断させようとした。

義元は手薄となった仮の本陣で、大高の砦戦に続き先頭での佐々隊との戦いにも二度とも勝ったと聞き、喜んですっかりくつろいでしまい、仮の本陣を正式な本陣にして祝宴を開き、謡を歌った。その油断した所へ織田軍が突然突入してきたのである。

その突入時の本陣の状況を『信長公記』は次のように記している。

「弓・鑓《やり》・鉄砲・のぼり・さし物、算《さん》を乱すに異ならず。今川義元の塗輿《ぬりこし》も捨て、くづれ逃れけり」

今川軍本陣に槍や鉄砲などの武器が転がっていたとある。槍を手にする時間もなかったということは、一瞬の出来事であったことを記している。塗輿も放置したまま東へ逃げているのはまさしく不意打ちであり、急に襲撃された時の状況を『信長公記』は記述していたとわかる。

なお、『武功夜話』では〈簗田と示し合わせて注進せよ〉と信長が述べている。簗田出羽守が情報収集の中心人物として任命されていて、今川軍の動きを調べて情報を信長に報告する役目であった＊。

本陣に酒肴を寺社方が持って来たと『松平記』にあるが、『武功夜話』では今川本陣を調べるためとしていて、細作《さいさく》（スパイ）の蜂須賀党が村長の後ろにいたという。酒を届けられた今川の家臣は、受け取ってもよいかを義元に確認している。

「心得御屋形様に言上候ところ、至極御満悦に候なり」

酒肴を届けたのは義元の所在を確認するためであり、その情報が太子ケ根の信長本陣に伝えられ、簗田出羽守が信長に報告した。それで義元本陣をピンポイントで襲うことができたのである。

なお、参謀本部の『迂回奇襲説』で、〈簗田出羽守の忍びの者が義元の動向を伝えた〉とする記事は、山澄英竜の『桶狭間合戦記』にある。ただし、善照寺砦へ届けたとするのは間違いで、太子ケ根の北谷（信長本陣）に届けたのである。

『武功夜話』は偽書ではない

『武功夜話』を偽書《ぎしょ》とする説があるので反論しておきたい。

『武功夜話』とは、伊勢湾台風の後、愛知県江南市で見つかった史料で、信長から秀吉、関ケ原戦までの詳細な前野家の記録。著者は庄屋の吉田雄翟《よしだかつかね》（一五八七～一六五八）とされ、曾祖父、祖父（織田の家臣）、祖父の弟（秀吉の家臣）、同弟（佐々成政の家臣）、父、及び各家臣達の日記や覚書、聞き取りなどを基にまとめたとされる。膨大な量があり出版されている。ところが、現在の通説と異なる話が多く、史料として認めない学者もいて、偽書とする説がある。根拠とする主な論点として次を指摘しているが、勘違いがある。

①《「富加《とみか》」「笠松《かさまつ》」「八百津《やおつ》」と当時なかった村名の記載があり偽書の証拠》とする。（勝村公著『偽書「武功夜話」の徹底検証』）

「**富加**」は「富加道」と当時の他の史料にあるので、「富田」と「加治田」をつなぐ道の名で村の名ではない。東京と横浜をつなぐ道を「京浜道」というのと同じである。

「**笠松**」は天正十四年の木曽川大洪水で一旦消滅したが、復興後元の名に復帰した村。笠松は尾張領内にあったが、木曽川の流れが変わったので復興後は美濃に編入された。

「**八百津**」は「八百みなと衆」とあるので港の名で村の名ではない。明治に港の名「八百津」を町の名にした。八百津は木曽の材木を運ぶ筏《いかだ》の港として古くから栄えていた。近年になってダムの建設により港は使われなくなった。

②正面攻撃説を唱えた藤本正行氏が『武功夜話』偽書説を唱えた。
《桶狭間合戦では定説の「正面攻撃説」と一致せず作られた話である。蜂須賀小六が田楽狭間で酒肴と同時に「唐芋《からいも》」を出したとあるが、「さつまいも」は江戸中期に持ち込まれたものであり偽書の証拠である》とした。

ここでの「唐芋」は「とういも」と読むのが正しく里芋《さといも》のことで、「とういも」と呼ぶ地域は現在も愛知県にある。「煮つけ候」とあるので里芋とわかる。

正面攻撃説と一致しないのはその説に疑問がある証明で、本書の説とは一致している。
③『武功夜話』には墨俣一夜城の記録があるが、藤本氏は《一夜城の話は甫庵の創作である》として否定した。しかし吉田（前野）家には『武功夜話』に載せていない墨俣一夜城建設時の詳細な書状が大量に保存されている。
秀吉は天正十八年（一五九〇）の小田原攻めの時に、山上に一夜城を建設していて、それがために北条は戦意を喪失して降伏している。秀吉は一夜城の効果を知っていて、墨俣の成功を下敷きにしたのである。

墨俣は多くの武将が担当するが、すべて失敗している。そこで一夜城を造る考え（プレハブ工法）を進言した秀吉に機会が与えられて成功した。その成功が信長に認められ、武将となるきっかけになった。墨俣の時には農民出身の秀吉に家臣はわずかしかおらず、知り合いの川浪衆を使った。それが蜂須賀小六と前野将右衛門で、その後秀吉の重臣として活躍している。

前野将右衛門は著者の大叔父で、墨俣築城の責任者なので書状が大量に残されていて、著者はそれら書状を引用して『武功夜話』を書いていたのである。その書状は『墨俣一夜城築城資料』に記載がある。

④江戸時代中期とは思えない語句が散見すると指摘され、用紙も江戸時代末期とみられる巻が含まれているとも言われているが、「千代女聞書再写茂平治」と、所々にあるので、明治初期まで庄屋を務めた「茂平治雄直《かつなお》」が書き写していたと考えられる。それで用紙が江戸時代末頃の物で、多少の直しがあって読みやすくなっていたのであろう。自家の記録なので写本時に加筆することもあったと思われるが、疑惑とする程のことではないと思う。訳者の吉田蒼生雄《たみお》氏に雄直の書を見せていただいたが、疑惑とされる原本と書体がよく似ていて違和感はない。用紙の汚れ具合もほぼ同じであった。

⑤千代が書いた文に疑問があると指摘しているが、それは誤解である。千代は著者の言葉を代筆しただけなので、「祖父」は千代の祖父ではなく著者の祖父のこと。

詳しくは拙著『桶狭間合戦奇襲の真実』で考察しているので、参考にしていただきたい。

十一　義元はなぜ油断して酒宴を開いたのか

軍中に酒を出し、酒宴を開いたので義元は討たれたと『尾張名所図会』は伝えている。（図13）を見れば弓・槍・鉄砲などの武器は立てかけてあるし、酒を飲むためには兜《かぶと》を外さなくては飲めないので、皆かぶっていない。この時に（図14）のように急に襲われれば、まず兜をかぶり、紐《ひも》を結ばねばならず、槍などの武器を手にする時間もなかったことが理解できる。「勝って兜の緒《お》を締めよ」の言葉通りとなったのである。

しかし尾張奪取が済んでいないのに、なぜ酒宴を開くなど油断したのであろうか。『武功夜話』の信長の言葉「くつろぎの期これあり候《そうら》わば、天与《てんよ》の機なり」を聞けば、信長は義元を油断させる作戦を考えていたことがわかる。佐々は信長と打ち合わせていたので、おとりには重大な役目があって、信長の身代わり（影武者）になったと考えられる。

それは次の史料が示している。

『総見記』には、佐々達が「信長公の御旗を待請け」としている。佐々らは、信長の「五葉木瓜紋《もっこうもん》」の旗を受け取る約束で善照寺砦に待機していて、信長の到着で旗を受け取り、すぐ出発したのであろう。

図13『尾張名所図会』天保12年（1841）「桶狭間陣中に今川義元酒宴の図」

図14　田楽狭間へ織田軍突入の図（山から下る兵も描かれている）

『中古日本治乱記』には「信長の大先手は佐々隼人正正道、千秋四郎大夫良文、信長の瓜《うり》紋の旗差揚《さしあげ》て向ふ」とあり、『改正三河後風土記《ふどき》』にも、佐々らが「信長の窠《か》の紋の旗真先に立て進みたる」とあるが、「瓜」も「窠」も信長の紋「五葉木瓜紋」の別称である。

佐々・千秋隊は桶廻間村武路で、その御紋の旗を馬上に掲げて今川軍と戦った。今川軍は信長の旗を掲げた武将を信長と思い込み、討ち取った首は「信長の首」と義元に報告されたので、「天魔鬼神もたまるべからず」と勝ち誇った。〈天魔鬼神と言われた信長もひとたまりもない〉と言っていて、信長を討ち取ったと確信したのである。それで祝宴を開くことにした理由がわかる。

信長には、佐々らを自分の影武者に仕立てる作戦があった。自分を討ったと思わせれば義元は油断してくつろぐであろうと考えたが、その奇計とも言える作戦に義元はみごとに引っ掛かり、信長を討ったと確信して祝宴を開く。謡《うたい》を三番も歌い祝い酒を出すなど、信長の狙い通り、完全に油断してしまったのである。

『三岡記』には次のようにある。

「善照寺の城より二手に分け、一手は義元の先手へむけ、一手は本陣へむけらるるなり。信長の推量の如く油断しありける所へ押寄ける故、一手もたまらず敵敗走す」

信長の推量による計略通りに油断したと述べている。

『春日山日記』に「奇計」とあるのは、この身代わりによるおとり作戦のことであろう。義元は、影武者と気付かず信長を討ったと信じて油断してしまった。そこを信長は不意打ちしたので大勝利となった。『伊井家伝記』にあったように、義元は「信長の謀計」によりだまされて惨敗となってしまった。これが桶狭間合戦の真相である。

織田家の紋
五葉木瓜紋

瓜の切り口に似ているので、
瓜紋とも言う

十二　佐々・千秋が信長の身代わりとなった証拠

佐々・千秋が命を捨てて信長の身代わりとなるなど、いかにも作り話ではないかと思われた方がいるかもしれない。しかしそれを示す史料があるので紹介する。

『三河後風土記正説大全』に、佐々・千秋を呼んで信長が次のように述べたとある。

「『面々が命を我にくれべきや、兼《かね》て其忠を知るゆへ斯《かく》いふなり』とのたまひければ、両人詞《ことば》をそろへて『珍しき仰せをうけ給はるものかな、我々が命を君に奉るべきに今更何事によってか尋にあづかるや』と答へければ、信長のたまひけるは、『然るうへは我秘する所の謀略を語るべし（中略）勝ち戦したれば将おごり士卒はおこたらん事必せり、勿論合戦にのぞんでは其不意を討時必ず理あり、信長無下に微勢なれば逆寄すべしなどとは心もつかず油断せん、其虚にのって我軍を発し、間道より義元の本陣をおそひ突崩して必死の軍《いくさ》をすべし、然りといへども敵は此謀略なりがたし、よって今汝らは信長が旗馬印を押立、義元が先手瀬山の際にそなへたる駿州勢にせめかからば（中略）義元の旗本を透《すか》させ其空虚を討取べし、さりながら敵の先手をくひとめる合戦なれば、両人が命は千にひとつもたすかりがたし、此儀を心得ずしてはかなひがたし』と宣《のたま》ひければ、両人答へけるは、『主はづかしめらるる時は臣死すと申事兼々《かねがね》心中にこめたれば少しも御心を労し給ふまじ、我々が討死はかるるき事なり』と申ければ、信長限りなく悦び給ひけるが、旗馬印をあたへ姓名をゆるし給ふせつ落涙《らくるい》せられ」

ここで、信長は佐々らに「先手をくひとめる」と作戦を示し、「我秘する所の謀略」と述べている。この言葉は『武功夜話』にあった信長の言葉「軍路を止めせしむるの策」と同じ意味である。信長は佐々・千秋に「我秘する所の謀略」を明かしていたのである。

信長の旗馬印（五葉木瓜紋）を与えていて、旗馬印を渡す際に涙を流したという。自分の身代わりとして討たれる役目を引き受けてくれたことに感動していたのであろう。信長の生の言葉が聞こえてくる真実味のある会話である。

『道家祖看記』よりかなり詳しいが、両書とも〈今更どうしてそのようなことを言われるのか〉と尋ねているので、以前に頼まれてその気になっていたが、信長は念押しをしたのであろう。その点が一致しているので、実際にあったことと思われる。

『三河後風土記正説大全』（五十巻）には原書『三河後風土記』（四十五巻）と同じく夜軍としていて、時間経過に誤りとみられる部分がある。「千秋」を「千種」とする誤りがあるのは、著者が尾張の人間ではなく、取材したことを筆記したので誤字になったと思われる。

本文中に、〈『三河後風土記』を基とするが、徳川が関係しない戦は記さなかった〉とし、「此の書は去るやん事なき御蔵書ひそかに書写したれば誠に正説大全といふべし」とあるので、公家などの蔵書にあった記事と思われる。その転載で加筆されていたようである。

佐々隼人正政次の弟成政が八千貫文をもらっていたことはすでに述べたが、千秋四郎の息子も信長から厚遇されている。

戦死した千秋四郎は、熱田社（熱田神宮）の大宮司《だいぐうじ》であり、知多郡師崎《もろざき》の羽豆崎《はずがさき》城主でもあった。

信長は後に、千秋四郎の息子を大宮司に任命し、身分を保証すると共に以後戦に参戦しなくてもよい特典を与えている（藤本元啓著『中世熱田社の構造と展開』）。

信長から千秋四郎の息子季信《すえのぶ》に宛てた朱印状など十通以上の関連する書状が残っていて、『熱田大宮司千秋家譜』にも記載されている。

信長は季信が十五歳になるのを待ってから呼び出して刀を与え、人手に渡っていた土地を返還させ、季信を大宮司職につけると共に、戦に出なくてもよいから社務に専念するようにと朱印状で命じている。

所領は季信のほか、母たあにも与えられている。「たあ」とは千秋四郎の妻のこと。それに季信七歳の時に、たあの実家浅井家に養育費としての給地を与えている。千秋四郎を死なせたことに対し、信長は責任を取ろうとして、細やかな配慮をしていたことがわかる。

なお、千秋四郎は信長と同い年の二十七歳であった（佐々隼人正は三十八歳）。名門の大宮司が命を落とす先鋒を務めたのには理由があったからで、おそらく信長と風貌が似ていて、身代わりとして影武者に選ばれたと思う。信長は千秋四郎もまた、佐々隼人正に劣らぬ働きと考えていたのである。

信長が熱田社を改築することにしたのは、戦勝祈願成就のお礼の趣旨もあったであろうが、千秋四郎の功績に対する信長の配慮が大きかったと考える。

『塩尻』巻七十八に、「熱田八剣宮造替は三州長篠御凱陣の後」とあるから、天正三年（一五七五）五月以後のこと。『信長公記』には、天正三年五月十三日に信長が熱田に来た時に、八剣宮造

熱田神宮の信長塀

営を大工の岡部又右衛門に仰せつけたとある。しかも千秋季信が熱田社大宮司に任命された朱印状の日付は天正四年一月十日なので、その時のお祝いとして改築していたと考えられる。千秋四郎に対する気持ちが信長に強くあったからであろう。

佐々隼人正も、千秋四郎も信長から高く評価されていたので、信長の意に反する抜け駆けではない。信長の作戦のために命を犠牲にしたのであり、勝利の貢献度は大きく、高く評価されるべきである。

熱田神宮の西にある千秋家の旧地
古代物部系の尾張氏であったが、藤原姓に改めた季範の娘由良は源義朝の正室となり、頼朝この地で誕生。千秋に改姓して代々熱田社大宮司を務めた。

十三　新発見の今川史料『桶狭間之合戦絵図』は真相を記す

1『桶狭間之合戦絵図』の著者と発見の経緯

この『絵図』の発見は、尾張藩重臣の子孫の方が、蔵の長櫃を整理していた所発見したとして、令和元年九月に東海市と、豊明市へコピーをつけて通知してきたことにより存在がわかった。

「『絵図』にはメモ書きが添付してあり『細井平洲が桶狭間の合戦を地理とともに分かり易く解説する為に絵図にしたもので、村々の講話で使用していたもの、明倫堂書庫記の印は督学《とくがく》に就任した時作らせた図書印』との意味が記してあり、『細井平洲が返礼にくれた物の一つ』と我が家に伝わっております」。と所有者（匿名希望）の書状にある。

その後、フェィスブックで桶狭間合戦の投稿をした寺澤幹夫氏に所有者から連絡があり、会うことができて『絵図』原本の確認をしている。寺澤氏は、所有者の許可を得てフェィスブックで『絵図』を公表したので、寺澤氏に会いコピーを受け取った。原本はタテ三三〇、ヨコ四四五ミリで二つ折り、和紙に手書きされた物で、汚れはあるが貼り付けなどはないと説明を受けた。東海市と、豊明市からも経緯を取材して、送られてきたコピーを確

認させてもらった。（コピーで汚れに差があり、今回汚れの少ない方を使用した）
『絵図』には「平洲」の署名と落款（印）があり、「明倫堂書庫記」の判も押してある。「天明三年（一七八三）癸卯九月　赤林信定」の署名もある。

　細井平洲（一七二八～一八〇一）は、尾張国知多郡平島村（東海市荒尾町）農家の出身で、米沢藩の財政を立て直した上杉治憲《はるのり》（鷹山《ようざん》）の師として知られる。平洲は江戸に出て、塾「嚶鳴館《おうめいかん》」の成功で、尾張藩校明倫堂の初代督学《とくがく》（校長）に招請されて尾張に戻っているが、天明三年は督学になった年。

『東海市史』に「細井平洲」の書簡の署名掲載があり、『絵図』署名の書体は本人の筆跡と確認できる。落款も大正十一年発行の『平洲遺墨奥附』にある印譜と同じで、平洲の呼び名「世馨《せいけい》」の落款と確認できる。ただし二つの落款は寸法が異なる。『絵図』の落款はタテ十六ミリで小さいので書状用であろう。『平洲遺墨奥附』の方はタテ二十九ミリと大きく、掛け軸に押されている。用途が異なる二つを使い分けていたようだ。デザイン違いの「世馨」の落款は大小の差を含め七点確認できた。いくつも作っていたようである。

図15　平洲・赤林筆跡

　東海市の平洲記念館には、世馨の落款を

押した水墨画掛け軸の展示が多数あり、絵も描ける人物である。

平洲は天明三年～四年にかけて、横須賀村、鳴海村、名古屋、美濃など十二か所で巡回講話をしていた記録があるので、その時に使用していたようだ。

赤林信定は、地誌『張州雑志』の編纂者の一人で、序にある信定の署名と筆跡は同じで、活字のような字を書く人物。おそらく平洲に頼まれて信定が枠内に字を書いたと思われる。同じ字「今川、大高、沓懸、石塚」などを拡大して比較すると少しずつ異なり、一致していないので活字ではないと確認した。

寛政元年（一七八九）赤林信定の序がある『張州雑志』には、「桶狭間争戦ノ事ハ諸家ノ記録ニ詳《つまびら》カナル故、委《くわし》ク誌《しる》スニ不及《およばず》」としていて、砦や城には詳しいのに戦の具体的な記述がない。『絵図』の六年後なので「諸家ノ記録」とは、この「今川家元家臣」の記録のことと思われる。

『絵図』の最大の特徴は「今川家元家臣の内密実記」とあることで、今まで秘密にされてきた義元本陣で何があったかが記されていて、今川軍が負けた理由が明確に読み取れる。

2 『桶狭間之合戦絵図』の内容

この『絵図』は右が北で、左が南。真ん中を通る太い道は旧東海道であるが、桶狭間合戦当時はまだなかった。右下に「沓懸《（掛）》城」があり、左上に「大高城」がある。今川義元は

桶狭間之合戦繪圖
永禄三年庚申五月十九日
今川家元家臣之内密齋記也
①
沓懸城
辰ノ刻
義元公孤軍五千三百ニテ
沓懸城出立候也
鎌倉古道
②
迂度候也
鎌倉古道ニテ
二村山ヲ南へ
繩手參リ候
二村山
鎌倉古道
太子カ根
③
斥候デ候得者
此先大高道
獸道ノ如シ
狭隘ニテハ
及ヒガタシ
④
義元公休居候處
東海道ヨリ
桶狭間村
⑤
斥候デ候得者
巳ノ刻笑止信長公
孤軍四百ニテ
壹里先中嶋ヨリ還リ候
⑨
四半刻急雨發ス
天
候故ヨモ不覺敢ル也
武衛
⑫
東海道
今川衆兵具足在ラズ
候故貳千三百人戰死セリ
⑬
義元公戰死候所
田楽ヶ窪
首洗池
池
義元公
鎚懸
⑭
首實驗場
信長公
鎚懸
⑮
今川衆
狼狽退卻セリ
間米村
殿殿深手負ヒキ自害御座候
巻山
阿登一里塚

図16　『桶狭間之合戦絵図』「今川家元家臣の内密実記也」（①〜⑮は追記）

五月十九日朝、沓懸城から大高城へ入るために出立していた。

『絵図』には佐々・千秋隊の行動が記されている。佐々隊はどこで戦ったかが重要なので、『信長公記』の記述をもう一度確認しておこう。

「信長善照寺へ御出でを見申し、佐々隼人正《さっさはやとのかみ》・千秋《せんしゅう》四郎二首《ふたかしら》、人数三百ばかりにて義元へ向て足軽に罷出《まかりい》で候へば、噇《どっ》とかかり来て、鑓下にて千秋四郎・佐々隼人正初めとして五十騎ばかり討死候。是《これ》を見て、義元が戈先《ほこさき》には、天魔鬼神も忍《たまる》べからず。心地はよしと悦《よろこん》で、緩々《ゆるゆる》として謡をうたはせ、陣を居《すえ》られ候」

善照寺砦から出陣した佐々隊は、義元へ向けて三百で出たことはわかるが、どこで討たれたかは明確になっていない。著者太田牛一は佐々隊の出発を見届けたが、ついて行ったわけではないので、戦った場所や経路は知らず、後から聞いたことを簡単に書いているのである。

『信長公記』の記述と『絵図』とを比較しながらみることが重要。解説は後で行うが、『絵図』の記述を確認する。説明のため①～⑮までの数字を『絵図』に追記した。

① 右下、義元が「沓懸城」を出たのは「辰ノ刻　義元公孤軍五千三百ニテ　沓懸城出立

候也」とあるので、午前八時に五千三百の兵で沓懸城を出立していた。

②「沓懸城」から上方（西）へ「鎌倉古道」を通り「迂度候也　鎌倉古道ニテ　二村山ヲ南へ　縄手参リ候」とあり、二村山から左（南）への道を進軍した。

③右下には「斥候デ候得者　此先大高道　獣道ノ如シ　塗輿ニテハ　及ビガタシ」とあり、沓懸城から南下して大高城へ行く大高道は調べられていて、曹源寺辺りは「獣道ノ如シ」で塗輿では通れないとしている。

④「東海道」の左（南）に「田楽ケ窪」として「義元公休居候処　東海道ヨリ　南へ弐町也」とあり、豊明市栄町南舘《みなみやかた》にある桶狭間古戦場（義元の墓がある史跡桶狭間古戦場伝説地）で義元は休憩している。

⑤右上「善照寺」砦の下に「斥候デ候得者　巳ノ刻笑止信長公　孤軍四百ニテ　壹里先中嶋ヨリ逼《せま》リ候」、〈斥候の報告に「巳ノ刻」午前十時、笑ったことに信長軍が四百で一里先の中嶋砦よりせまって来る〉とある。信長軍は『信長公記』では二千だが、先に出発した佐々・千秋隊は三百で善照寺砦を出ているので、中嶋砦から進軍してせまって来る佐々隊を今川の斥候は発見していて、信長が約四百で向かってくるとみていた。斥候はすぐに走って本陣に報告するので、「笑止」は義元の言葉と思われる。

⑥左上「武路《たけじ》」の左に、「午ノ刻　我コソハ織田上総介　信長也ロ上御座候　衆兵突入ス　織田木瓜旗突入ス」とある。「武路」は現在の名古屋市緑区桶狭間北二丁目で、「桶廻間

村」にあった。武路で〈「織田上総介信長也」と口上を述べて、信長の旗「織田木瓜旗」を掲げて「午ノ刻」昼に突入した〉という。

⑦「前備エ井伊直盛家禮　信長公討取リテ　首級呈シ御注進申候」、〈井伊直盛の家来が信長を討ち取って「義元公休居候処」④に注進し、その首を届けた〉。
〈信長の首を討ち取った〉と報告されたが、信長は死んでいないので別人の首である。佐々隊が「武路」で、前備え（今川軍先頭）の井伊直盛隊に対して「信長也」と述べて信長の旗「織田木瓜旗」を掲げて突入したのは、信長に見せかけた影武者ではないか。

⑧「信長公討死候故祝宴　開キテ候得共ヨモ謀《はか》ラレシ　得物、具足、異ナラズ　狼狽遁走《ろうばいとんそう》羞《しゅう》恥《ち》ノ極《きわみ》候也」とある。信長を討ち取ったので、「休居候処」④を本陣にして祝宴としたが、「ヨモ謀ラレシ」は、だまされたのである。「狼狽遁走羞恥ノ極」とあるので、今川軍は慌てて逃げているが、「恥の極み」と言っている。

⑨「四半刻急雨発ス　為詰寄ラレシ　候故ヨモ不覚取ル也」とあり、三十分程の急な雨のために敵が近付くのに気付かず、不覚を取ったとしている。雨は豪雨と伝えられていたが、「四半刻」は初見である。
どのように攻められたのであろうか。

⑩　義元本陣④の左上に「未ノ刻　信長公此道急襲ス」とあり、「未ノ刻」午後二時に、本陣の西の山を回って南から信長が急襲したとして、矢印で示してある。

⑪　義元本陣④の上に「織田衆兵急襲ス」とあり下向き矢印があるのは、山の上からも突入してきたことを示していて、南からと山の上から同時に攻めている。

⑫　「東海道」の右に「今川衆　狼狽退却セリ」とあり、「今川衆兵具足在《あ》ラズ　候故弐千三百人戦死セリ」とある。豪雨の後の突然の不意打ちだったので、濡れた具足（鎧等）を脱いでいた者が多く、それで討たれていたようだ。義元本陣④の下に「義元公鎧懸松」が描かれていて、義元は鎧を干していたので着けていなかったようだ。

⑬　「東海道」の左、本陣の下に「義元公戦死候所」とあり、義元は本陣から東の東海道の脇辺りで戦死した。

3　『桶狭間之合戦絵図』の内容を証明する史料

多くの史料を調べていると、この『絵図』が示している内容と同じ記述が確認できる。すでに述べて重複する場合もあるが、その一致を示し事実関係の証明としたい。

①に「辰ノ刻　義元公孤軍五千三百ニテ　沓懸城出立候也」とある。通説では二万五千で攻めてきたとされているが、意外と少ないのは驚きである。今川出陣数については後で検討する＊。

しかし『東照軍鑑』に本隊は「五千余騎」とあり、五千三百が正しかったようだ。

義元が出立したのを「辰ノ刻」午前八時とするが、今川の家臣なので正確な兵の数と、出発時刻を記していたと理解できる。
②の義元軍が「鎌倉古道」の「二村山」から南へ向かった「縄手」とする道は、「間米村」にあった史料『桶狭間合戦名残』（図8）に、今川軍が間米村を通り「小縄手」を通って（豊明の）古戦場へ向かったと図示してある道と同じで「田楽ケ窪」④へ向かったと確認できる。
④の「義元公休居候処」の「田楽ケ窪」は豊明市の桶狭間古戦場で、石碑は明和八年（一七七一）に尾張藩士によって建てられた「七石表《しちせきひょう》」。
山に囲まれた狭間の地形で、『信長公記』に「おけはざまと云ふ所は、はざま（狭間）、くてみ（湿地帯）」と説明されていて一致する。

なお、豊明市の古戦場は「田楽ケ窪」の外「田楽坪《でんがくがつぼ》」「田楽狭間」「屋形狭間」「桶狭間」とも文献にあるが、同一場所のこと。昭和十二年に文部省から「史跡桶狭間古戦場伝説地」に指定されている。
⑤の斥候が佐々隊を発見していたとする記録は『伊東法師物語《いそく》』にある。
「駿河軍兵に石川六左衛門と中者数度の軍功をはげましものによって、此度の軍《いくさ》に物見の役なりしが、十五町ばかり先に張番して居けるが待請たりと云」

その後佐々隊が討たれたとしているので、石川六左衛門が十五町（一・六五㎞）先で佐々隊を発見していた。『絵図』によると、山の上から確認しているが、豊明史跡から十五町先は「坊主山」（現在平子が丘）と思われる。坊主山は中嶋砦から一㎞程の距離なので、佐々隊の行軍が確認できたのである。佐々隊は信長の旗を掲げていたので、斥候は信長軍と思ったのである。斥候（物見の石川六左衛門）は走って本陣へ報告するが、残りの斥候は佐々隊を追跡し、行き先を監視して動いていたので、後に中嶋砦を出た信長本隊は同じ道を通っていても気付かれていない。中嶋砦は今川軍に囲まれてはいなかった。

『三河物語』に石川六左衛門が「嵩《かさ》より見下シテ見レバ」とあるのは坊主山の上から見下ろした時のこと。「正面攻撃説」は「本陣の上から見下ろした証拠」とするが、本陣からではなかったとわかる。

⑥の「桶廻間村」「武路」で「午ノ刻　我コソハ織田上総介信長也口上御座候　衆兵突入ス　織田木瓜旗突入ス」とあるのは、昼に佐々らが「我こそは織田信長」と口上を述べたということで、「織田木瓜旗」を掲げたとする記録は『中古日本治乱記』や『改正三河後風土記』にもあった。

『三河後風土記正説大全』には、佐々らに「旗馬印を与へ姓名をゆるし給ふせつ落涙せられ」とあったが、「姓名をゆるし」は「我コソハ織田上総介信長也」と口上を述べることを許したことと『絵図』で初めてその意味がわかった。信長は自分の身代わりを頼んだので、討たれることを予測していて、それを引き受けてくれたことに、信長が涙を流した心情が伝わる。

なお「午ノ刻」とあるのは、『信長公記』にもある。「午《うま》の剋《こく》（昼）、戌亥《いぬい》に向て人数を備へ」とあったが、これは井伊・松井隊を先陣として、「武路」で佐々隊に備えていたことを示している。それで佐々隊との戦いと大高の砦戦の両方ともに勝ち、「満足これに過ぐべからず、の由候て、謡《うたい》を三番うたはせられたる由に候」に続くのである。したがって『絵図』と『信長公記』は昼に佐々隊が戦ったとしていて時刻は一致している。

⑧の「信長公討死候故祝宴開キテ候得共　ヨモ謀《はか》ラレシ」とあるのは重要な証言である。信長を討ち取ったから祝宴を開いたとしている。

『信長公記』には、首が本陣に届けられた時に、「義元が戈先には天魔鬼神も忍《たま》るべからず。心地はよしと悦《よろこん》で、緩々《ゆるゆる》として謡をうたはせ、陣を居《す》え られ候」とあり、〈天魔鬼神（と言われた信長）を討ったので喜んで、陣を据えて謡をうたった〉としている。それを「ヨモ謀《はか》ラレシ」としているのは、信長の首を討ち取ったと報告されて喜び、勝利を祝う祝宴を開いていた所へ、死んだはずの信長が急襲してきたので、討ち取った首は信長ではなかった、だまされたと気付いたのである。

謀られたとする史料は今川側の『井伊家伝記』にもあった。

「所々の軍《いくさ》に打勝て少々休息油断の所へ信長謀計を以て急に攻掛り」

『井伊家伝記』の記録は『絵図』の記録と一致している。⑦に「前備エ井伊直盛家禮　信長公討取リテ　首級呈シ御注進申候」とあるので、信長の首を討ち取ったのは奥山孫一郎かもしれない、それで「信長の謀計」と知り、その情報を龍潭寺の南渓和尚に届けた。寺の記録なので消されずに残っていたのである。

⑩に「未ノ刻　信長公此道急襲ス」と、後ろ（西）の山を回って「義元公休居候所」④の義元本陣を、南から急襲したと矢印を付けて図に示してある。

『張州府志』松平君山著に「信長山の後《うしろ》を循《めぐる》、其不意を疾撃、義元隊中に突入」とあるが、『絵図』を見ると「山の後を循《めぐる》」の意味がわかる。

『塩尻』天野信景《さだかげ》著には次のようにある。

「太子が根より二手に分ち、一手は駿兵の先手にあたらせ、自らも南へまはり来《きた》りて田楽が窪の本陣を攻め、急に撃たまひしが駿兵不意に襲われ（中略）狼狽して東に走る」

文章だけではわかりにくいが『絵図』を見れば、先手の「一手」は太子ケ根から「武路」に出て今川の先手と戦った佐々隊とわかる。「自らも南へまはり」は、太子ケ根の北谷に留まっていた信長が、義元本陣の西の山を回って南から急襲したとわかる。『信長公記』には「未の剋、東へ向てかかり給ふ」とあるが、「未の剋」は午後二時で、『信長公記』と『絵図』の攻め込む時刻は一致していて、昼の最初の戦いの後、二時間後に義元本陣へ攻め込んだとわかる。

甫庵『信長記』に次のようにある。

「敵勢の後の山に至て押まはすべし。去る程ならば、山際までは旗を巻き忍び寄り、義元が本陣へかかれと下知し給ひけり」

これは「太子ケ根」の北谷で信長が命じた言葉。『絵図』で信長が山の後ろを回ったと知れば、甫庵の記述「押まはす」の意味を理解できる。それを参謀本部は「善照寺」砦で述べた言葉と認識したので、北を大きく迂回する「迂回奇襲説」としたが、甫庵『信長記』を読み誤っている。「正面攻撃説」は、その進路の誤りを指摘して、それを「甫庵の創作」としたが、『絵図』で進路を知れば、甫庵の創作ではなかったとわかる。

⑪に、「織田衆兵急襲ス」とし、下向き矢印があるのは、山の上からも突入してきたことを示している。『松平記』には「山の上よりも百余人程突て下り」とある。したがって義元本陣は山の下にあった。

義元塚から西八十ｍの山の中腹に今川の武将松井宗信の塚と墓があるが、織田軍が山を駆け下りてくるのを阻止するために戦ったので、山の中腹で討たれたとわかる。

⑫の「今川衆兵具足在《あ》ラズ候故　弐千三百人戦死セリ」は、鎧を付けずに逃げていた兵が多くいて討たれた、それを「狼狽遁走羞恥ノ極」としている。だまされたのであるが、酒宴して討たれたのは武将の「恥ノ極」なので、義元の名誉のため氏真が記録を消すよう家臣に命じ、『今川家譜』『今川記』からも削除されたのである。⑨に「四半刻急雨発ス為詰寄ラレシ　候故ヨモ不覚取ル也」とあるが、〈雨のために不覚を取った〉は多くの史料にあるので、これが今川家では負けた理由の統一見解にしたと思われる。

なお、『弔古碑』には「二千五百余」の戦死とあり、「二千三百」と二百の差異があるが、「二千五百余」は大高の戦いと佐々隊との戦いの死者を含む今川軍の総数であろうか。

⑬「東海道」の左で、本陣の下（東）に「義元公戦死候所」とあり、義元はそこで討たれた。そこの地名は「舘《やかた》」で、義元は「御屋形様」と呼ばれていたので、「舘」は義元の戦死地に付けられた地名のようだ。なおその場所（豊明史跡から東三百ｍの工場敷地内）に「今川治部大輔義元墓」とする石碑があった。筆者は昭和四十五年にその石碑を見ているが、五年後には住宅開発で撤去されていたようで、工場共に今はない＊。詳しくは拙著『桶狭間合戦奇襲の真実』を参照願いたい。

⑭「信長公鎧懸松」とある。この松は大正十二年に枯死して今はないが、明治末期の写

真はあり、堺市大安寺の襖絵に描かれている。寺伝では狩野永徳の作で、永徳が鳴海に来て確認し、枝を描き忘れたので戻って描き直したとある。鎧懸松は集合場所で、信長は濡れた鎧を干していて、兵が集まるのを待っていたと思われる。現在名鉄中京競馬場前駅の南に石碑がある＊。

⑮「間米村」に「殿《しんがりどの》殿深手負ヒキ自害御座候」とあるが、『桶狭間合戦名残』（図8）にも、間米村で切腹した武将の記録がある。間米村は豊明の古戦場から東北東二㎞にある。深手を負うと早く走れず最後尾の殿《しんがり》となったのであろう。やがて出血多量で死を悟り切腹する。間米村で切腹した武将は井伊直盛の可能性が高いと思う。

『桶狭間之合戦絵図』は、『信長公記』とも、他の多くの史料とも一致している部分があることがわかった。文章だけの文献では場所がわかりにくく誤解する場合もある。その点『絵図』は場所・実態が明確にわかる。

義元は、信長の謀計により、〈信長を討った〉と思い込まされて祝宴を開き、油断した所を急襲されたのが真相、と『絵図』も伝えている。

4　今川家元家臣とは

それでは、細井平洲がこの驚くべき内容の情報を今川家の誰から入手したかについて明らかにしなくてはならない。調べていた所、細井家の先祖は元今川の家臣とわかった。
上杉治憲《はるのり》（鷹山《ようざん》）撰の『平洲先生碑銘』に、平洲の先祖について次の一文がある。

「克成は今川氏に仕えた。克成の孫雄貞《かつさだ》は神祖（家康）に徙《うつり》、岡崎三郎君衛騎となる。君廃され、尾州知多郡平洲村（平島村）に退き隠れ、耕桑を以て業《なりわい》となす」（原文は漢文／東海市史資料編三593頁）

家康の嫡男三郎信康の切腹は天正七年（一五七九）なので、永禄三年から十九年後で、雄貞の父は今川家臣として桶狭間合戦に参戦していたと考えられる。「今川家元家臣之内密実記」は、細井家で内密にされていた記録を発見したので、それを基に平洲が現地を歩いて確認し『桶狭間之合戦絵図』に仕上げていたことは確実である。

このような史料が今になって出てくるとは思っていなかったので驚いたが、今回発見された『絵図』の内容は、拙著『奇計　桶狭間合戦の真実』と、ほぼ一致していて、「佐々隊おとり説」は間違いではなかったと確信した。

一致していない所は、「佐々隊は釜ケ谷に待機していて、今川軍の先頭に突然襲いかかった」としたが、義元は斥候から信長（佐々隊）が進軍して来ると聞いていて、松井・井伊隊を先陣として武路で備えていたようだ。佐々隊が「我こそは織田信長也」と述べたとは知らなかったし、「四半刻急雨発ス」で、三十分の雨と初めて知った。本戦での死者は二千三百人だったようで、教えられることは多い。筆者の説には、少し修正が必要かもしれないが、基本的には一致している。

『絵図』は、現在最有力とされる「正面攻撃説」とは一致していない。佐々・千秋隊を「抜け駆け」としたのは『信長公記』の誤読とわかる。信頼できる文献史料の誤読は重大な影響がある。

なお小瀬甫庵『信長記』には佐々隊おとりの記事はないので、『絵図』は甫庵の影響を受けた史料ではない。

だまされて酒宴の最中に討たれたのは武将の恥なので、義元の記録は氏真の命令により消されたとわかる。『桶狭間之合戦絵図』の発見で、内密にされていた今川軍の真相が今明らかになった。

信長は、自分の身代わりとした家臣をおとりとして討たせるという驚くべき「奇計」で義元をだましたが、だまされた方は「信長の謀計」で討たれたという。それで、大軍で攻めてきた義元を油断させることに成功し、今川兵を分割していたこともあって、少人数で攻めても大勝利できたとわかった。

この『絵図』の内容が「桶狭間合戦の真相」と認識した次第である。

十四　疑問に答える（Q＆A）

Q1　今川義元は上洛しようとしていたのか？

A　小瀬甫庵『信長記』、『松平記』ほか多くの史料に、義元が上洛しようとしていたとあるが、正面攻撃説は、《京や途中の大名に根回しした形跡がなく、上洛途上の出来事ではなかった》としている。しかし、京まで行く行列が途中で襲われたと考えるのは誤りで、この時には尾張を奪取するために出陣してきたのである。

義元には京に上る野望があったが、上洛は尾張を支配下にしてから後のこと。『改正三河後風土記』には「尾張を手に入れて、近江に発向し佐々木を責亡し、京都に旗を立、天下を掌握せんと」とある。尾張を奪取してから近江も責めると計画を示している。つまり上洛はまだ先のこと。したがって根回しをしていないのは当然である。

甫庵『信長記』には「今川義元ハ天下へ切《きり》テ上リ国家ノ邪路《じゃろ》ヲ正《たださ》ントテ、数万騎ヲ卒シ」とあり、遠江と三河を程なく従えたとしているが、二国を従えるのに数十年かけている。数万とするのは二国を攻めた時の人数で、尾張へは四万五千を出したとしているから別の話。尾張を制圧するのも簡単ではなく、年月を要する。

参謀本部は「京師に詣《まい》り将軍足利義輝に謁《えっ》し」としているので、参謀本部が甫庵『信長記』を読み誤っていたのであって、甫庵の誤りではない。

『尾州村木捕手城責聞書』慶安元年（一六四八）に、村木砦（東浦町）を造ろうとした時の（天文二十二年）二月下旬に、義元は家臣を集めて次のように話したとある。

「某《それがし》日頃ノ大望アリ、欲スル所ハ父氏親ノ怨ヲ報シ、頻ニ上洛シテ公方家《くぼうけ》ヲ再興セン望アリ。方々《かたがた》イカニト宣玉《のたま》ヘハ、老中近習一座ノ諸士ニ至マテ上意ノ趣《おもむき》承知シテ御軍慮至極仕候ト、皆々一同ニ畏《かしこま》ル」

〈父氏親が果たせなかった将軍家を再興させる大望がある〉と家臣一同に述べている。

『今川家譜』では、義元の五代前の範政は嘉吉《かきつ》元年（一四四一）に副将軍に任じられている。その二十六年後に応仁の乱が始まるので、今川家は京を離れて駿河に戻ったのであろう。したがって副将軍の地位に戻りたいと考えていたのである。足利将軍は危うい状況にあったので、将軍の地位が回ってくることも望みの中にあったと思う。

『今川家譜』に「等持院殿《（足利尊氏）》御遺書ニ室町殿ノ御子孫タヘナバ吉良ニ継《つが》セヨ。吉良モタヘナハ今川ニ継セヨト被仰置《おおせおかれ》タリ」とあり、足利尊氏の遺書に将軍を継ぐ約束があったとしているので、義元は足利将軍家を継ぐ可能性もあると考えていた。それは村木砦を造る前に、ライバルの吉良家を攻めて今川の配下にしていたことからも、すでにその気になっていたことをうかがわせる。

Q2　今川義元は公家風の装束で軟弱と聞いたが？

A　義元は五男であったので、四歳で寺に預けられ十二歳で出家している。京都建仁寺で修行をしているが、住職の付き人として足利将軍家にも出入りしていたという。足利将軍家の一族なのでそれなりの待遇を受けていたようで、その時に足利将軍と会っていた。それは後に義元が家督を継いだことを聞いて将軍は喜んだというので、会っていて義元を知っていたとわかる。義元は将軍がどのような格好をしていたかを知っていたのである。

運よく十八歳で今川家の家督を継ぐが、その後公家達を富士見と称して何度も招待している。公家達は富士山を見たがっていたことは確かで、招待したのは上洛の意思があり、副将軍は公家の推薦が重要で、その時のために公家達と交流していたのであろう。

義元の母寿桂尼は公家の出身なので、母から公家風作法を仕込まれ、歌や蹴鞠もできる。公家達と対等な教養を学び、希望通り副将軍になった時のために、副将軍にふさわしい身なりにしていて、お歯黒もしていたようである。

しかし風采と性格は別で軟弱な性格ではない。当時の記録にも「海道一の弓取り」とあり、外交手腕に長けていて政治家として優秀であったと言われている。

《塗輿に乗っていたのは、落馬したので乗り換えた》という見方は想像であろう。塗輿は八人で支えるので道が悪くても快適で、高い位置から見渡せて気持ちがよい。黒田勘兵衛も九州攻めの時に輿に乗って戦を指揮していたというので、高い位置は利点もある。ただし目立つので狙われやすい。しかし義元は負けるなど露ほども考えておらず、大軍で悠々と尾張に乗り込み、将軍から認められた塗輿を尾張の衆に見せつけようとしていたと考えられる。塗輿は大大名にしか認められていなかった。

したたかな信長を、小国だからと甘く見ていたのが誤算であろう。政治手腕に優れていても実戦経験は少なく、ほとんど雪斎が取り仕切っていたので、雪斎がおればこのような負けはなかったであろう。

一方の信長は十六歳から戦続きで、今川に三河の領地は取られ、尾張東部まで踏み込まれていた。村木砦の戦いの他は負け続けていたので、あらゆる手段を用いて勝とうとしていた。明らかな劣勢なので、正面から戦っても勝てる見込みがないことは承知の上で、勝つためには義元を討つ以外にはなく、その方法のみを考えたと思う。

偽書状で義元をだまし、今川に味方した鳴海城主の山口左馬助《さまのすけ》を義元に殺させたのも、信長の謀計であろう。この成功で、義元はだましやすいと感じたのではないだろうか。

Q3　今川軍の出陣数は何人か？

A　今川軍の出陣数は各史料により八千、一万、二万、二万五千、三万、四万、四万二千、四万五千、六万とみごとに異なっている。『信長公記』は四万五千とするが、参謀本部は二万五千としていて、現代でも通説となっている。

筆者が調べた限りでは、江戸時代末までの二百二十の史料中記載のあったのは六十で、四万が40％で最も多い。「四万と聞いた」とする史料は多いので四万は今川が流した噂として間違いないであろう。

四万で攻めると噂を流し、戦わずに降参するのを期待していたのではないだろうか。織田側は最大で五千と言われているので八倍である。二万五千としても五倍になる。〈四万の半数である二万が正しい〉とする史料もある。また、〈大きく見積もっても二万四千が限度〉とする武田信玄の家臣高坂弾正が述べたとする史料もある。

なぜ二万五千が通説となったのかは、一万石で二百五十人出すのが平均とし、今川勢三国合わせて百万石なので二万五千人になるとする説が認められていたからである。しかし貞享《じょうきょう》の検地帳（一六八六）石高の九割としているので怪しい。太閤検地の石高で見ると、三国合わせても七十万石弱である。よって一万七千程となる。太閤検地の約三十年前の戦国時代なので、六十万石くらいではなかろうか、そうすれば一万五千となる。

『武功夜話』で、信長は合戦の二か月前に今川の総勢力を「三万」と述べていて、〈甲・相に備えて実勢は半数〉とも述べているので、実質出陣数を一万五千程度と認識していたようだ。それは『春日山日記』に「三万」としていることからも信長の考えとわかる。

『伊東法師物語』で、信長は岡崎勢が大高にいると聞いて「義元の一万より岡崎の千は強敵と存《ぞんずる》に、陣所各別ならば心易」と気を励ましたとある。なぜ岡崎の千の方が強敵と言ったのかには訳がある。松平元康（家康）は尾張での人質時代に信長と会っていて顔を知っているので、影武者の首を見て「信長ではない」と見破られる恐れがあった。松平元康が義元本陣にいないと知って、〈しめた、これで勝てる〉と思ったのであろう。

これから見て、信長は駿河勢を一万と認識していて、三河勢などを合わせて総勢一万五千程度と考えていたことがうかがい知れる。それでも三倍である。

『信長公記』に「四万五千」とあるのは、三万の五割増しの〈四万五千の敵に勝った〉と、信長が尾張の武将達に力を誇示したのを太田牛一は聞いていたのではないか、それで『春日山日記』にあるように、「尾張をすべて平治」できたのである。

「六万」とあるのは、武田の家臣高坂弾正が〈信長には虚言が多く、六万の敵に勝ったと言うが、多く見積もっても二万四千〉と述べているので、上洛の際他国になめられないように三万の二倍（実質四倍）に誇張して威嚇《いかく》したと思う。京の公式の場で発言したので『道家祖看記』にも「六万」と記載されたのであろう。それで推定を含めて、まちまちな数が史料に記載されたと考える。

ただし一万とする史料は『足利季世記』『定光寺年代記』など五点ある。また、『知多郡桶廻間合戦申傳之覚』には「駿・遠・三の軍兵八千余騎の勢にて駿府を御発駕」とある。「八千」としているのは注目に値する。遠江や三河勢は途中で参加したからであろうか。

義元本隊が五千三百であったことからみて、実質は一万二千前後（通説の約半数）ではないかと考えている。それでも織田勢総数五千の二倍半に相当するので十分な数である。

Q4　今川義元はどのような作戦だったのか？

A　義元は沓掛城から大高城に入る予定であったことは確か。

『信長公記』に「武者舟千艘ばかり」と、大高の港におびただしい数の舟が集結していたとある。義元は大高城へ入城後、次の日は舟で兵士を運ぶ作戦と考えてよいだろう。

『今川義元桶迫間合戦覚』宝永三年（一七〇六）に、義元が次のように述べたとある。

「明日は熱田《あつた》焼払ひ清須《きよす》を責《せめ》ほろぼさんと宣《のたま》ひける」

早朝まだ暗いうちに先発隊が船で熱田の港に行き、町に火をかければ煙が上がり、尾張全土に知れわたるので、清洲城をはじめ各城からも兵が熱田に集結してきて、清洲城の守備は手薄になる。気をそらしているうちに、本隊は船で五条川の西岸に上陸して清洲城を背後から攻めれば、手薄となった清洲城の本丸を一気に取ることができる。善照寺砦などからの兵も引くことになり、たやすく各砦を取ることができ、鳴海城も簡単に解放できる。一日で決着はつくであろう、と義元自信満々の作戦だった。

それは豊明史跡にある『桶狭弔古碑』に刻まれている義元の言葉によってわかる。

「曰《いわ》く、明旦《みょうたん》清洲を屠《と》りて朝食せんと」

〈明日の朝は清洲城を取ってから朝食にする〉、つまり〈朝のうちに清洲城は取れる〉と楽観していた。

通常なら、沓掛城から鎌倉街道を通り、善照寺砦を落として鳴海城を開放し、陸上を通って清洲城まで行くと考えるが、途中の川を越える度に待ち受けられて難攻する。五条川は清洲城の東にあり、大きな堀の役目があって攻めにくい。大高城から船で渡れば、障害なく清洲城の近くに到達し、背後から攻めれば容易に本丸を落とすことができる。よく考えられた戦略である。

信長にとって大高城まで入られたら防ぐ手立てはない。大高城へ行くまでが唯一のチャンスで、その戦略を信長に見破られていたと思う。

大高の港に千艘の船を集める命令が出されれば、船の修理に尾張中の船大工が早くに集められ、船頭も日程を予約させられたので、港を支配していた武将から不穏な動きがあると知らされたのであろう。

千艘ともいう大量の船を集めたのは、鯏浦《うぐいうら》（弥富町）の服部左京助だが、義元が討たれたと知って、翌日の朝熱田の港に寄って町に火をかけようとしたが、町人が来て五十人程討たれたと『信長公記』にある。熱田に火をかける作戦を服部左京助は知らされていたのであろう。信長はその作戦を知っていて兵を熱田に待機させていたので、上陸しようとした時にすぐに対応でき、五十人も討つことができたのである。

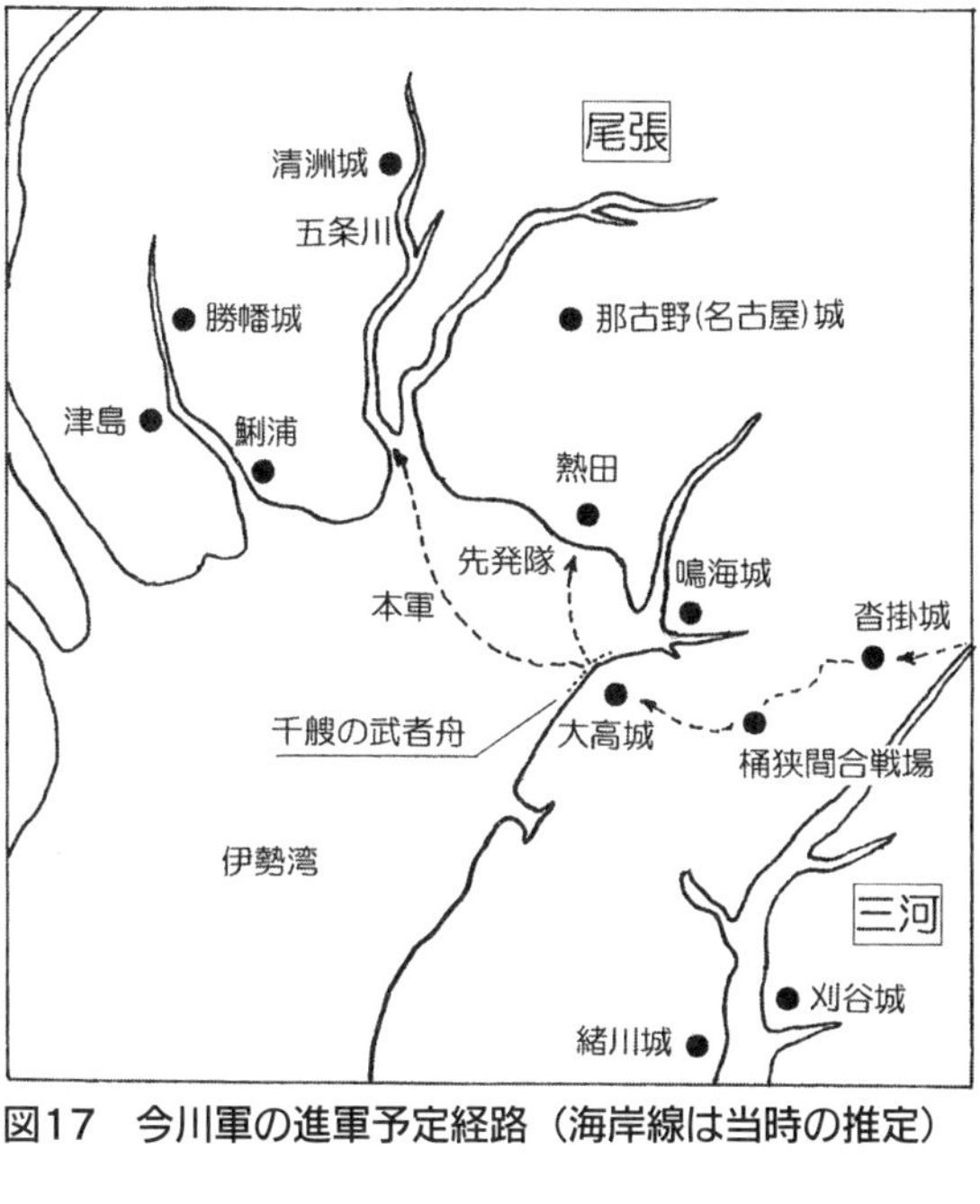

図17　今川軍の進軍予定経路（海岸線は当時の推定）

なお、正面攻撃説では《大高城を救援するために義元は出陣したのであって、尾張を取ろうとしてはいなかった》としているが、大高城救援が目的なら家臣に任せておけばよい。十年前から、義元の妹婿の浅井小四郎などが中心となって、尾張東部は取ったり取り返されたりしている。なお、浅井小四郎政敏は義元本陣で討死している。

義元が出陣したのは、尾張を奪取できる作戦が出来上がったので、総仕上げに義元本人が総大将となって出陣したのである。尾張を支配下にしてからの領地の配分や人事を、働きに応じて即決するためでもある。今川に味方した尾張の武将の処遇も考えていたであろう。それらを決定できるのは義元しかいないからである。

Q5 義元本陣は桶狭間山の頂上にあったのでは？

A 正面攻撃説は、《『信長公記』に「おけはざま山に人馬の息を休め」とあるので、桶狭間山の頂上に陣を構えたのであって、不用心な低地に戦国武将の義元が本陣を構えるはずはない》と指摘した。

しかし〈兵と馬とを休息させた〉のであって、これから戦争を始めるために陣を構えたとは言っていない。〈朝の砦戦と、佐々隊との戦に勝ったので、喜んで陣を据えた〉としている。

豊明史跡には池があり（図6・7・16）、泉がある（『蓬州旧勝録』）。馬は大量の水を飲むので池は休息に必要。休憩中の兵は皆新鮮な水を飲むので泉は必須であるが、山の上には水がないので休息には向いていない。

「おけはざま」とはどういうところかを『信長公記』は次のように説明している。

「おけはざまと云ふ所は、はざま（狭間）、くてみ（湿地帯）、深田足入れ（足を取られる深田がある）、高み、ひきみ、茂り、節所《せっしょ》と云ふ事限りなし」

〈「おけはざま」という所は、狭間の谷で、湿地帯〉と説明しており、豊明史跡の地形と一致している。《山の上に本陣を構えた》と解釈しているが『信長公記』と合っていない。

正面攻撃説では《『三河物語』に石河六左衛門が「嵩《かさ》より見下シテ見レバ、太勢《おおぜい》ヲモ少勢に見《みる》物にて候」としているのは本陣から見下ろした証拠》とした。しかし『桶狭間之合戦絵図』と『伊東法師物語』にあるように、石川六左衛門は斥候で、十五町先の坊主山から佐々隊を見下ろしていたとわかった。それで〈敵は五千はいたであろう〉とする意見に対し、報告した人数「四百」が少ないことの言い訳をしていたのであろう。

したがって本陣から見下ろしたのではない。

また『三河物語』に「徒者《かちもの》ハ早五人三人ヅツ山えアガルヲ見て、我先にト退ク」とあるので《本陣に織田兵が登ってきた時のことを記している》としているが、これは義元本陣の西の山へ織田兵が登ってきた時のことを記していたのである。その山の上に今川軍は物見の兵を配置していて西を監視していたが、物見の兵は少人数なので、山へ上がってきた五人程度の兵にも対応できずに退いた時の記録と考えられる。

山上の本陣が三人や五人の兵のために我先に退くはずはない。山上の本陣を落とすのには数倍の兵が必要と言われている。今川兵の方が織田兵より多いことは確実で、山上の本陣を昼に短時間で落とすことは不可能である。

Q6 桶狭間山はどこか？

A 『信長公記』の「おけはざま山」には二つの別の考えがある。

① 『感興漫筆《かんきょうまんぴつ》』で、嘉永元年（一八四八）に豊明古戦場を訪れた細野要斎は「桶狭間山の古戦場を見んと」と書いている。豊明史跡を「桶狭間山」としている。豊明史跡は標高三十ｍで、鷲津砦と同じ高さがある。

『桶狭弔古碑』は「高原」、『東海道名所図会』は「原山」、『尾張名所図会』では「平山」と豊明史跡を表現している。「高原・原山・平山」は「丘」のことで、「おけはざまの丘で休息した」と読むのが正しいと思う。「里山」など、昔は低い丘でも山としている。現代では「山」と聞くと高い山をイメージするが、昔の感覚で文献史料を読まないと意味を取り違えることがある。『信長公記』の「おけはざま山」は桶狭間古戦場伝説地のことで、豊明史跡を示していると考える。

② 徳川義直の『成功記』は「桶峡《おけはざま》之山ノ北ニ陣ス」としていて『信長公記』の「おけはざま山」とは別と考える。

豊明史跡に建っている『桶狭弔古碑』は「陣桶峡山北」とあるが、『成功記』と同じで「桶狭間の山の北に陣す」と読むのが正しい。南にある山を桶狭間の山としているが、「桶峡間図」（図9）には屋形狭間（豊明史跡）の南の山を「桶峡間山《おけはざまやま》」としており、『成功記』や『桶狭弔古碑』と同じで、「桶狭間の山」と尾張藩は認識していたとわかる。この山は『桶狭間古戦場之図』（図6・7）では、南の山を「石塚山《いしづか》」としている。『桶狭間之合戦絵図』（図16）でも「石塚山」としている。

豊明史跡から南（昭和34年撮影）。前方の山は石塚山で工場建設でならされた。右の森から織田軍が突入、距離150m（伊藤浩氏提供）

徳川義直は石塚山を「桶狭間の山」として、その北の豊明史跡を「義元本陣」と認識している。「桶狭間山」と記載された史料は『桶峡間図』のみで、尾張藩の共通認識である。

豊明史跡の南から撮影した昭和三十四年の写真をみると、石塚山にはホシザキの工場が建って平らにならされているが、昭和三十年の写真でははっきり山と認識できるので、義直は「桶狭間の山」として、〈その北に本陣を構えた〉としたのである。

《高根山を桶狭間山》とする説もあるが、現在では頂上はならされていて道もあるが、切り立った山で、頂上には少人数しか滞在できない。道はなく、塗輿で登ることは不可能。麓で降りて登らねばならないが、攻め込まれた時に塗輿が放置してあったので高根山の上ではないとわかる。高根山は西の東海道筋が見通せるので、見張りの兵を置いていた可能性はある。

《六十三・七ｍの山を桶狭間山》とする説もあるが、地図で見ると高いが、現地で見ると山続きなのでどこから見ても山には見えない。山の名がつけられることはないと思う。

昭和30年の石塚山。「桶峡間山」と（図9）にある

Q7 名古屋市緑区桶狭間の七ツ塚は何か？

A　緑区の桶狭間古戦場公園の北二百m（桶狭間北二丁目）に、七ツ塚と呼ばれる塚がある。三個の塚が昭和まで残っていたが、平成の初め頃に宅地造成で壊され、一つだけ残されている。現在の桶狭間北二丁目は、昭和末頃までは桶狭間字武路《あざたけじ》。

明治九年の『桶廻間村地引帳』には官有地として、字武路二十八番、四十五番、六十五番に「塚」の記載があり、五歩（坪）または四歩となっているので、現在の塚跡とほぼ同面積の塚が三基あったことは確か。

昭和十年桶狭間字武路の『御料林実測図』では、現在の塚（五坪）の南東九十m、さらに南東六十三mにも五坪程の土地があり、一列に三個並んでいたことが確認できる。これは桶狭間合戦の痕跡で、今川軍の先頭と戦って討たれた佐々隊らを埋めた塚と思われる。桶廻間村では、〈七ツ塚は桶狭間合戦の戦死者の塚〉と古くから伝えられていたので、昭和になってから《ここで義元が討たれた》と想

図18　緑区桶狭間（国土地理院発行地形図2005に追記）

像されて、誤解が始まったと思われる。（七ツ塚の写真は69頁）

豊明市と名古屋市緑区に現在二か所ある桶狭間古戦場跡のどちらが正しいのかではなく、両方とも戦場だったと認識する必要がある。戦いは二時間の差で二度あった。

緑区桶狭間古戦場保存会では、選評の松や、首洗いの池があった、長福寺に記録があるなどと説明しているが、佐々達が討たれているので首を洗い誰の首かを検証したことはあったであろう。それを《義元の首》と想像されて説が唱えられ、信じられたと思う。

『長福寺古記録』によると、桶廻間村の長福寺は信長に焼かれている。

「今川家に縁ある僧故、戦場に酒食等を差出し候事後日織田に知られ、永禄三年六月焼失に相成申候」

再建されたのは百三年後の寛文三年（一六六三）で、八年後にまたも焼失したとある。この記録は寛文十一年に焼失後、寺社奉行所に提出した願書の控えである。

したがって寺には戦の記録は残っていないと考えられる。長福寺の隣に「瀬名氏俊陣跡」があるので、義元のために用意していた酒食を、来ないことになったので瀬名隊に提供したのではないかと思う。

長福寺の裏山は義元本陣にするために先行隊の瀬名隊が造っていたと思われる。昼に長福寺で休憩する予定で酒食が用意されていたが、戦となって予定が変わったのである。

安政六年（一八五九）三月十九日に、長福寺が義元の三百回忌法要を豊明史跡で行っていたことを細野要斎が『感興漫筆』に記している。その時には卒塔婆（木製の墓）があったという。それを翌年に長福寺が石製の仏式の墓に作り替えている。おそらくその時に来た今川家殿様達の要望で建てたと思われる。今川家直系子孫は「芹澤」に名を変えていたので、知られたくなくて「願主某」としたと考えられる。（177頁高徳院および仏式の墓参照）

Q8　なぜ桶狭間合戦というのか？

A　豊明史跡は、当時大脇村で桶廻間村ではなかった。それで、《「桶狭間の戦い」と言うのだから桶廻間村の合戦であって、豊明史跡は誤りである》と主張する方が昭和になってから現れたので、どちらが本当の戦場なのか議論となっている。

今まで述べてきたように、佐々らとの最初の戦いが桶廻間村で行われたので「桶狭間合戦」の名がついた。それで主戦場となる田楽狭間（豊明史跡）が文献史料に「桶狭間古戦場」と記載されたので、東海道を通る旅人から「桶狭間の地」と呼ばれて紹介され、大脇村なのに桶狭間と呼ばれるようになった。

江戸時代の史料はすべて豊明史跡を「桶狭間古戦場」としている。義元が「お館様」と呼ばれていたことにより、地元では桶狭間古戦場を「屋形狭間」としている。現在の地名も「南舘《みなみやかた》」である。他にも「田楽ケ窪・田楽ケ坪・田楽狭間」などと、さまざまな呼び名があって混乱しているが、現在のように正確な地図のない時代なので、遠方の人には土地名の違いや地境はわかっていない。（図6・7）にあるように「古名は田楽狭間」であったが、「田楽」と聞いて遠方の人には有名な「田楽ケ窪」と勘違いされたと思われる。「田楽ケ窪」を「田楽ケ坪」とする古い文献も多数あるので、これも勘違いされている。

長篠合戦では、初戦の「長篠の戦い」と、四㎞離れた主戦場の「設楽《したら》ケ原の戦い」とを別々に表記して、二度の戦いを区別されるようになったが、それは近代になってからのことで、ほとんどの文献は「長篠の戦い」として設楽ケ原での戦いを記述している。桶狭間合戦も同様で、ほとんどの史料が豊明史跡での戦いを「桶狭間の戦い」と記述している。本来は「田楽狭間の戦い」とするのが正しいが、有名な地名ではなかったので「田楽窪・田楽坪・屋形狭間」などと書かれている。二つの戦場がある意味を理解すればわかる。

しかし「桶狭間で義元は討たれた」とする史料は多いので「桶狭間は名古屋市緑区」と認識している方は多く、《豊明は桶狭間ではない》と思えてしまうのである。

昭和初期までは豊明史跡が「桶狭間」と言われていたことを知ってほしい。写真のように「をけはさま」駅が豊明史跡の北東にあった。この駅は大正十二年に開通した愛知電鉄の駅で、昭和初期に新設されたが東海道との立体化工事のため、昭和九年に廃止となった。戦後名鉄「中京競馬場前駅」として豊明史跡の北に新設された。したがって近年まで豊明史跡は「桶狭間」と言われていた。現在も「桶狭間区民会館」などに名を残している。

昭和初期にあった桶狭間駅

Q9　豊明史跡に古くから塚があったというが？

A　寛永五年（一六二八）に東海道を通った俳人の斉藤徳元《とくげん》が『関東下《げ》向《こう》道記《みちのき》』で豊明史跡の塚のことを書いている。

「道より馬手にあたりて小高き古塚有。信長公、駿河義基《（元）》と夜軍有しに、義基たたかひまけて此所にて果給《はてたま》ひし古墳なりと聞て」

戦いの六十八年後に義元戦死の場所と伝える大きな塚があった。東海道の南（馬手）としているので豊明史跡にある義元塚のこと。古くは「夜軍」と語られていたようだ。

『徳川実紀附録』に、『三河記・古老物語・前橋聞書』にあるとして次の記事がある。

「いつも御上洛の度毎に尾張国桶狭間をすぎさせ給ふとき。義元が墳墓の前にては御輿を下らせ給ふ。御供の輩いづれも其御厚義を感じて。涙を流さぬはなかりし」

これは現在義元の墓碑がある義元塚のことで、斉藤徳元が見た古墳のことである。その義元塚を家康は何度も訪れていて、「桶狭間」と言っている。したがって豊明の桶狭間古戦場を義元が討たれた場所と家康は知っていた。

合戦の時、家康（松平元康）は大高城で、伯父水野信元の家臣浅井六之助が大高城へ来て義元の敗死を知らせた時、水野信元は織田側なのですぐには信用せず、三人の家臣を義元の本陣に遣わせて確認している。山澄英竜著『桶狭間合戦記』に次のようにある。

「神君少も動顛し給ハず、早速平岩権太夫・同弥之助・本多久左衛門、此三人を義元の本陣所へ遣ハされ、右三人桶狭間山の北の松原に至て、今川の陣跡を見るに一人も生て出会ふ者なし、夜中なれバ、死骸を探り見るに、残らず東へ倒れ首ハなく骸《むくろ》多し、三人の者、馳帰て此様子を申す。神君是を聞給ひ、然らば此城守て益なし、岡崎に帰るべし」

ここでも「桶狭間山の北の松原に至て、今川の陣跡を見る」としている。したがって家康は義元本陣を「桶狭間山の北の松原」と知っていた。

松林の写真もあるが豊明史跡は松原だった。昭和三十四年の伊勢湾台風で松はほとんど倒れてしまい、その後土盛りされて公園化され、当時の面影は損なわれてしまった。

斎藤徳元や家康が見た塚は『桶狭間古戦場之図』（図19）に描かれていて、松井八郎塚の下（東）にある「ツカ」が義元塚で、明治九年に墓碑が建てられた。（176頁義元塚）

七基の塚が描かれているが、明和八年（一七七一）に尾張藩士が「七石表」とする七基の石碑を建てている。図は七石表の碑を建てる六十三年前に塚があったことを示している。

山の上にある松井八郎塚（七石表二号碑）は松井宗信の塚で、碑が建つ前から松井の塚と特定されていたとわかる。現在では土を盛った塚は義元塚だけであるが、古くは山の形

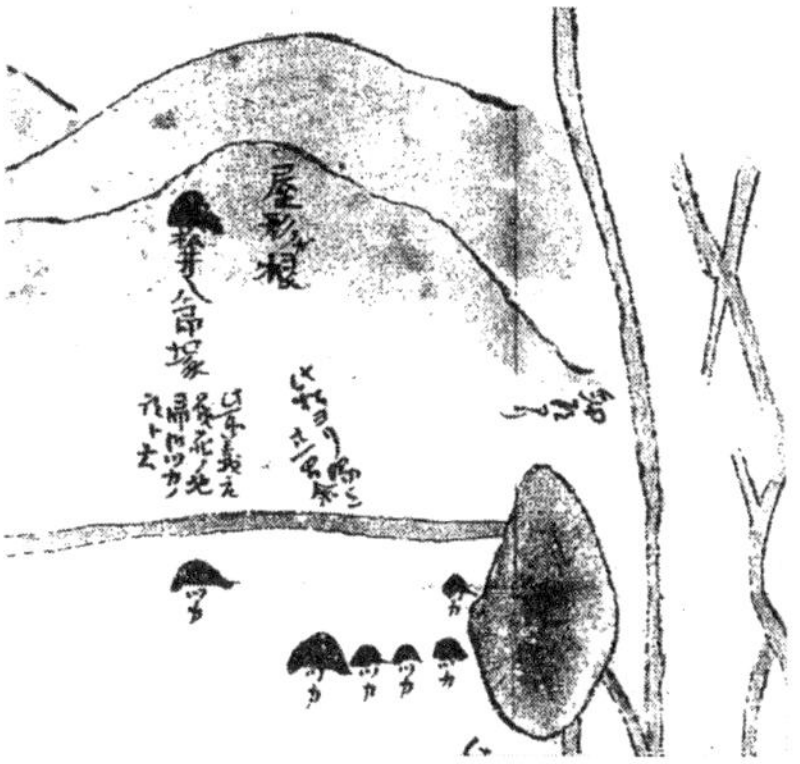

図19『桶狭間古戦場之図』図7の部分
上が西　宝永五年（1708）

をした塚が七基あったことが確認できる。

Q10 豊明史跡を戦場とする確実な証拠はあるのか？

A 豊明史跡の北に隣接して、昭和三十三年に建てられた病院がある。医者で後に大学総長となる藤田啓介氏（一九二五〜九五）が『藤田学園保健衛生大学創設記』（現藤田医科大学）で、次の文を掲載されている。

「学園本部大時計の下付近は沼や沢や池で、基礎工事の際、地表を約六〜八ｍ掘削し、固い地面に杭を打ち込んだ。そのときの土工の後日談では、刀剣や武具等がいくつも出たが、錆びてしまって触れると、すぐぼろぼろになったとのことであった」

『桶狭間古戦場之図』（図6・7・19）を見ると、東海道の南に池が描いてあり、病院の場所はその池の上に建てたことがわかる。池に沈んでいた兵

豊明史跡北の病院。建設時地下から武具が出土した

士がつけていた武具や武器が出土していたのである。今川の兵は池に沿って東へ逃げるが、追い打ちをかけられ、多くの者が池や深田にはまり、次々と討たれていた状況をうかがわせる。

したがって豊明の桶狭間古戦場伝説地が戦場であったことに疑いの余地はない。

Q11　出土した武具などは残っているのか？

A　病院の下から出土した武具は残っていないが、古い武具が豊明史跡の西にある高徳院に展示されていた。高徳院は明治二十六年に高野山から本尊と寺号を移して創建された寺で、明治から史料館があり、大正天皇も皇太子時代の明治三十九年に、陸軍の奥大将と共に訪れている。写真のようにおびただしい数の武具が展示してあり、錆びていて保存状態の悪い古い武具ばかりで槍で射抜かれた鎧も展示されていた。筆者は昭和三十一年の中学生の頃この展示を見ている。ご住職は地元大脇村や落合村（豊明市）の方達が寺に持ち込んだものと説明された。

ただし現在は史料館を閉鎖し、武具もほとんど処分されたとお聞きしたが、少し現存している。これらは討たれた兵士から村人が拾い集めたものと思われる。あるいは曹源寺の和尚が戦人塚へ村人に死体を集めさせたと伝わっているが、埋める際には鎧を外すので労働の報酬として村人が持ち帰ったものかもしれない。戦争が始まったら武具をつけて参陣

高徳院に現存する武具の一部

高徳院にあった槍に射抜かれた鎧
（平凡社『太陽』1978・2より）

高徳院史料館　明治からあったが閉館で処分（一部現存）　高徳院提供

するつもりで保存していた可能性もある。刀や槍は売れたであろうが、売れなかった物が大量に残っていて、明治になって不要になり子孫が高徳院へ持ち込んだと思われる。

昭和二十二年に豊明史跡の近くに移り住んだ方が、井戸を掘った時や畑から、鎧や刀が出たと話された。その方（伊藤浩氏）は合計四体分の鎧を掘り出していて、出るたびに高徳院へ持って行ったとうかがった。

Q12 義元はどこで討たれたのか？

A 『三河物語』には、「義元ヲバ毛利新助方ガ、場モ去ラサセズシテ打取」としているが、『信長公記』では〈三百の兵に囲まれて東へ逃げ、五度程戦ったところで五十に減り、義元は討たれた〉とあり、〈多くの兵が深田で足を取られ、はいずり回る所を討たれた〉とある。それは本陣の東へ逃げる途中で討たれたのであって、本陣内で討たれたのではない。

『尾陽雑記』には「義元の陣崩れけるを、東に向て山を越て追うちにす」とあるので、豊明史跡の東の低い山を越えている。山を下りたところに皆瀬川の細い流れが現在もあるので、その辺りが水田となっていて、足を取られる深い田となっていたのであろう。追い打ちされ、義元もその深田の近くで討たれたようだ。大正初期の東海道の写真（74頁）ではその辺りは水田となっている。

天保十二年（一八四一）の『大脇村絵図』（図20）を見ると、古戦場から東に細長く田となっていて、義元が討たれたのもその水田の辺りと思われる。

『桶狭間合戦縁記』（図21）の古戦場図の中央、東海道の脇に碑が描いてある。昭和四十五年頃に筆者はその碑を見ている。「今川治部大輔義元墓」とあったと記憶している。工場の敷地内にあって、道から十五m程南の位置で、豊明史跡から三百m程東になる。その碑は昭和五十年の宅地開発時に撤去されていたようで工場共に今はない。

その碑の場所が義元戦死地と考えて『桶狭間合戦奇襲の真実』で墓を確認した時の状況

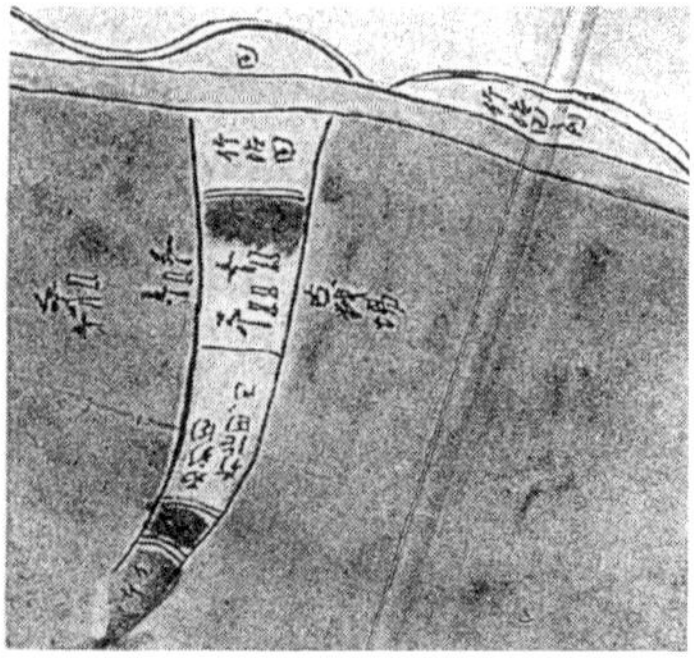

図20『大脇村絵図』天保12年（1841）上が北

図21『桶狭間合戦縁記』嘉永元年（1848）古戦場図　上が西

から、碑は義元が戦死した地であろうと推定したが、今回発見した『桶狭間之合戦絵図』（図16）の⑬に「義元公戦死候所」とあり、まさにその場所に義元の墓とする石碑があったので、間違いなく義元が戦死した場所と確信した。現在藤田外科病院の第二駐車場になっていて、南東の角辺りになる。

Q13　今川軍の主な戦死者には誰がいたか？

A　『天沢寺記』には「桶狭間殉死《じゅんし》之士」として四十五名の武将の名を記してある。討たれたのは義元の他、叔父・甥・妹婿など、今川一族の者は多い。天沢寺で行った義元の三百回忌法要の記録で次のようにある。

「安政六（一八五九）己未五月十九日、天澤公（義元）三百回の法筵ありて、義死の人々も追福あり」

戦国時代でも、野戦で大将首をとられることはほとんどない。家臣は命を張って殿様を守るからである。義元が討たれたことでも驚きだが、この戦いで城主の戦死者が多いことは異常で、次の六名が戦死している。

遠江二俣《ふたまた》城主・松井宗信《むねのぶ》　遠江引馬《ひくま》城主・飯尾乗連《のりつら》　遠江井伊谷《いいのや》城主・井伊直盛《なおもり》
三河長澤《ながさわ》城主・松平政忠《まさただ》　駿河蒲原《かんばら》城主・蒲原氏徳《うじのり》　駿河川入《かわいり》城主・由比正信《まさのぶ》
（『新説戦乱の日本史』10　小学館より）

義元は祝宴を開いていたので、当然祝いの席に多くの城主や親族などの重臣が本陣に招かれていて、義元を取り巻いていたのであろう。まさにその宴の最中に織田軍が南からと、山の上からピンポイントで突入してきたので、義元の近くにいた多くの城主が討たれていたと理解できる。

油断していたところを突然急襲されたのでこの事態となったのである。その他に理由が考えられるであろうか。

Q14　戦人塚に戦死者が埋められたというが？

A　豊明史跡から東北東一・三kmに、昭和十二年に文部省から同時に史跡指定された「戦人塚」があり、ここに多くの死体が埋葬されたと伝えられている（豊明市前後《ぜんご》町仙人塚）。『蓬州旧勝録《ほうしゅうきゅうしょうろく》』には「千人塚」として紹介してあり、〈大脇村曹源《そうげん》寺の快翁龍喜《かいおうりゅうき》和尚が地元の旦那衆にたのみ、馬を出させて死骸を集め、塚を築いて法会《ほうえ》をした〉とある。「戦人塚」の碑は元文《げんぶん》四年（一七三九）、百八十回忌の供養祭に建てられたとされる。

『桶狭間合戦名残』には「今川義元二百年忌之節、大脇村宗（曹）源寺此所にて千人供養致候由」とあり「千人塚始、戦死人塚と申由」「千人塚辺迄《あたりまで》追討いたし候処と申伝候」とある。

大脇村の曹源寺は豊明史跡の東南二km、戦人塚の南一・二kmに現在あり、今川義元と松井宗信の位牌《いはい》がある。位牌があるのは遠忌供養祭に両家から代表が来ていたと考えられる。松井の位牌の裏面に尾張藩士松井武兵衛重武の名がある。重武は松井宗信の甥の子孫である。

戦人塚の近くを宅地開発した昭和三十年代に、当時の人骨が多数発見されていたので、戦死者を埋めた場所であったことは確か。東に攻めたとする『信長公記』とも一致する。

また、戦人塚の南西四百m（新栄二丁目）名古屋鉄道沿線の畑から刀、槍、兜などが大量に出土している。昭和十七年に畑の所有者の求めで名鉄保線工事担当者三名が三日かけて掘り出したが、戦時中なので屑鉄屋に売ったとのこと。その時の一人小田幸重氏に浅井敏氏ら三名で平成十年に取材していて、東海古城研究会機関誌『城』194号で発表している。

史跡「戦人塚」。多くの今川兵が埋められたと伝わる

豊明史跡から戦人塚までの国道一号線新設工事の際にも鎧などが出土しているし、戦人塚の北西三百mに塚が二つあったと伝えられている。その塚は現在壊されていて確認できない。戦人塚は多くの塚の代表として碑を立てて法要した場所のようである。

豊明史跡の北の病院建設時にも出土物があったが、東の戦人塚までの間で実際に武具などの出土物があったのは、その地で戦闘が行われた確実な証拠である。

Q15 鎧掛けの松は何だったのか？

A 「鎧掛けの松」と呼ばれた松の巨木が、名古屋鉄道中京競馬場前駅の南にあった。この松は大正十二年に虫害で枯死して今はない。現在「よろいかけの松の旧地」碑が中京競馬場前駅の南にある。

『桶狭間合戦縁記』の古戦場図（図21）の右端に「信長公鎧掛松名木也」とあるので、信長が鎧を掛けた松として古くから有名だったことは確か。

この松を描いたとする襖絵が、堺市の大安寺に現存している。寺伝では狩野永徳作とあり〈永徳が鳴海に来た時に以前描いた松に枝を描き忘れていたことに気付いてすぐ引き返し、枝を描き足した〉とある。大安寺で専門家に鑑定してもらったところ実際に描き足した跡があった、とご住職から伺った。

永徳は桶狭間合戦当時十八歳で、後に信長の注文で安土城の襖絵を一手に引き受けてい

鎧掛けの松、堺市大安寺に現存する襖絵、狩野永徳筆と寺伝にある

鎧掛けの松、大正12年に枯死　図21に「信長公鎧掛松名木也」とある

る。おそらく安土城へ納めるために描いたが、信長から形が違うと指摘されたので鳴海まで行って確認し、手直ししたのであろう。正式に描き直して納入したが、安土城は炎上してしまい、手直しした方は残ったと考えられる。

この松に言い伝えがあるのは、戦の後の集合場所であったことを示している。信長は義元の首を取ったことが確認できれば、後は戦が済むのを待てばよいのでここに戻り、暑い日であったし、雨で濡れていたから鎧を脱いで干し、休んでいたのであろう。『信長公記』に、「もと御出候道を御帰陣候なり」とあるので、太子ケ根への道に近かったと考えられる。一本松で見通しがよく、集合場所としてよい場所だったと考えられる。

なお、明治末頃に撮影されたこの松の写真の絵葉書（京都市窪添晴之発行）には「今川義元鎧掛の松」と説明されているので信長の鎧掛け松ではないと主張される方がいるが、『桶狭間之合戦絵図』（図16）に「義元公鎧懸松」が豊明史跡内にあり、「信長公鎧懸松」も東海道の北にあるので、絵葉書の説明は誤りで信長の鎧掛け松である。

名鉄中京競馬場前駅の南の碑

Q16 雨中の戦いではないのか？　天候はどうだったのか？

A『三河物語』は、雨中の戦いとしている。

「車軸ノ雨ガ降リ懸ル処に……信長三千計にて切て懸ラせ給えば、我も我もト敗陣シケレバ」

『尾張名所図会』など多くの史料が〈雨中の戦いで、雨のために敵が近付くのを気付かず敗戦になった〉としているのは、この『三河物語』の影響からであろう。

しかし『信長公記』には「空晴るるを御覧じ、信長鑓をおっ取って、大音声《だいおんじょう》を上げて、すはかかれかかれ」と命じている。この点は参戦した記録『信長公記』を信じるべきである。『三河物語』は、豪雨と聞いていたので雨中の戦いと想像で記したのか、あるいは古い史料を写したのであろうが『信長公記』に反している。

『桶狭間之合戦絵図』では、「四半刻急雨発ス」としていて、たった三十分の雨としている。意外と短時間であったようだ。

当日の天候については、信長の馬を引いていた人物に取材したとする記録が『桶狭間合戦記』山澄英竜著に記載されていて詳しい。

「或家の旧記に、予若年の時、此合戦の時信長の馬を率《ひ》きし僕《しもべ》、大老人にて、いまだ存命にて鳴海辺に子孫に懸り有りしと聞及び、友人同道にて其宅へ行て、其老人に対面し、其時の物語を聞くに、信長の御馬を山へ乗上げ乗りおろし、し給ふなどといふより外別事なし、只よく覚へたる事にては、合戦の日、暑気甚《はなはだ》しき事此年に成りしまで終《つい》に覚へず、誠に猛火の側に居るが如し、又、昼前より日輪《にちりん》の傍《そば》に一点の小黒雲か何ぞと怪敷物《あやしきもの》見へたり、其黒雲忽《たちま》ち一天に広くはびこり真暗くなり夥《おびただ》しき大風雨なりしと語りけり」

五月十九日は新暦の六月二十二日にあたる。その日は特別暑い日だった。昼前から急に黒雲がわき上がり、大風雨になったというので「車軸ノ雨」であったようだ。『信長公記』にも〈雹《ひょう》が降った、楠木が倒れた〉としているので、竜巻が近くを通ったのであろう。特別な豪雨は事実のようだ。ただし三十分で止んだというのでゲリラ豪雨と思われる。

「信長の御馬を山へ乗上げ乗りおろし、し給ふなどといふより外別事なし」は、正面攻撃説の《信長が前軍と戦った》とするのは事実ではないことを証言している。また「山へ乗上げ乗りおろし」としているので、東海道のような平坦な道ではなく、山中を通っていたとわかる。

山澄英竜（一六二五〜一七〇三）は尾張藩初期の家老であったが、早くに引退して『桶狭間合戦記』を書いている。江戸時代初期の研究書なので貴重である。しかし原本は失われていて『朝野舊聞裒藁《ちょうやきゅうぶんほうこう》』や、地元の研究書に抜粋で記載がある。

なお『三河物語』で、「我も我もト敗陣シケレバ」とあるのは、突然の急襲で本陣を守らず、我先に逃げたとする表現で、『三河物語』も突然不意打ちされた本陣の様子を記述していたのである。

Q17 家康の大高城兵糧入れはあったのか？ 退路は？

A 松平元康（家康）は十八日夜に大高城へ兵糧入れを成功させていて、徳川の史料では「神君の手柄、才覚の証明」と賞賛している。（「神君、権現、東照宮」は家康のこと）『改正三河後風土記』では、家康は駿府城で義元から兵糧入れを頼まれて快諾している。ところが「誹《そし》る者多し」とある。それは今川武将が何度も失敗していたからである。今川武将は沓掛城から大高道を通って兵糧入れをしようとしていて、織田側の丸根砦の近くを通らねばならず、そこで襲われていたようだ。
丸根砦の東五百mの大高道脇に「十三塚」があったが、兵糧隊が襲われた跡と思われる。すべて壊されたが、大きな塚から馬の骨が出土していた。それは兵糧隊が鉄砲隊に待ち伏せされ、兵糧を運ぶ馬も鉄砲で撃たれていたのであろう。『信長記』に、〈丸根砦の佐久間大学に告げ知らす者があって、使いに引き出物を渡した〉とある。兵糧隊出発は沓掛城近くで察知され、先回りして丸根砦に知らされて待ち伏せされたのであろう。

家康の場合は沓掛城からではなく岡崎から出て、刈谷の泉田に本陣を構えて大高城へ向かっている。

『龍城中岡崎中分間記』には「泉田村に本陣、元康公在番大高城」とある。泉田村は刈谷市で、大府市の横根へ船で渡り共和町《きょうわまち》の「木之山《このやま》村」へ行っている。

『桶狭間合戦名残』には「神君様兵米御運び被遊《あそばされ》候由、其節木之山村を御通り」とあり、『落穂集』にも「大高の城より二十町計《ばかり》前に御構へ」とある。二十町は二・二kmになるが、木之山村は大高城の南二kmにある。家康は岡崎から来ていて丸根砦の近くは通らないので成功していたと考えられる。


八歳から駿河で人質になっていた家康は、桶狭間合戦で初めて岡崎へ来たと一般に言われているが、十五歳の元服の後、先祖の墓参りを希望したところ許されて岡崎に帰り、翌年の春に駿河へ戻ったと『徳川実紀』にある。同じ記録は『成功記』にもある。『松平記』では永禄元年に、伯父の水野信元と石ケ瀬（大府市）で戦ったとしているので、永禄元年には岡崎に戻っていたのである。『成功記』にも石ケ瀬で戦った記録はある。

兵糧入れは以前からあったようで、史料には永禄二年の記録がある。

『奥平家伝記』永禄二年には「大高の城兵粮乏しく難儀に及候由注進に付、同年二月権現様御出陣、城へ兵粮を入候」とあるが、同記の『今川義元感状写』には「十月二十三日」

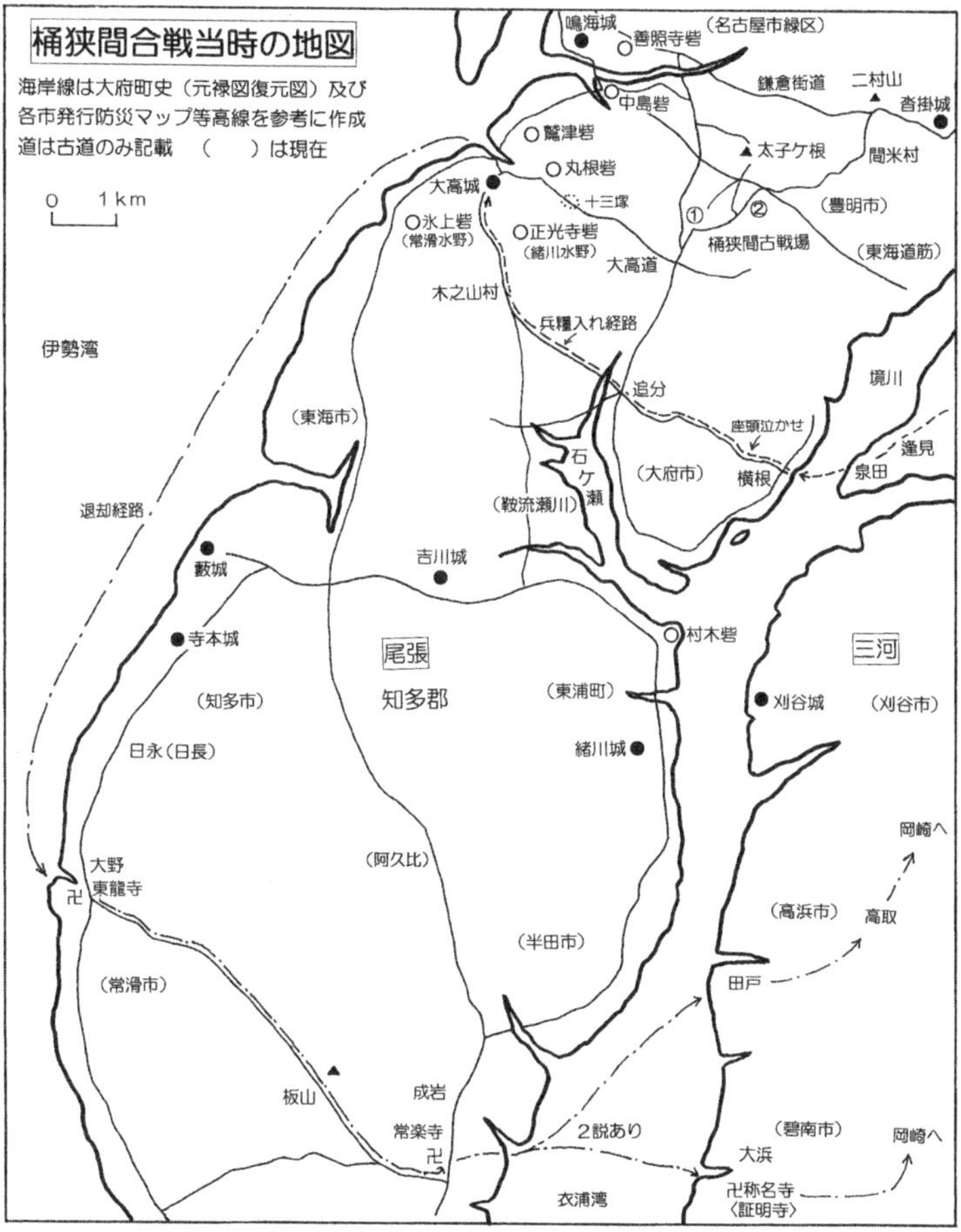

図22　家康（松平元康）の大高城兵糧入れ経路と、退却経路

となっている。大高城は砦で囲まれて兵糧攻めされていたので、食料は補充し続けなければならず、何度も実施していたのである。『改正三河後風土記』には「幾度も相勤申へし」と述べたとある。原書は平岩親吉著で、駿河に同行していたので詳しいとわかる。

なお『武徳大成記』などでは十八日の兵糧入れの時に家康は、久松俊勝に再嫁した母於大に「知多郡阿古居（阿久比《あぐい》町）」に会いに行ったとしている。しかし『寛永久松佐渡守俊勝譜』では「永禄三年三月」のこととあるので、家康が於大に会いに行ったのは二か月前のことである。おそらく「桶狭間合戦の直前」と聞いて推定されたことであろうが、二か月前でも直前である。

家康が大高城で義元の死を知ったのは、夜に織田方の伯父水野信元の家臣浅井六之助が来て報せたという。慎重な家康は罠ではないかと疑ったのではないだろうか。家臣を三人桶狭間古戦場へ派遣して調べさせている。（※134頁参照）

『三河海東記』によれば、大高城を退去したのは本隊とは別に、翌日早朝「寅の刻」午前四時に大高から二十九名の家臣と共に船で大野（常滑市）東龍寺へ行き、板山を超えて成《なら》岩《わ》（半田市）の常楽寺へ行き、船で三河へ渡ったとある。

『袂草《たもとぐさ》』（一八一九～一八三九）朝岡宇朝著には次のようにある。

「東照宮、大高へ兵糧詰の後、義元討死の註進ありて、鳴海海道へ御帰りの様に軍書に見へたれども、知多郡にてハ左様にいはず。まづ大高より南へとり、大野光明寺へ入り御休息、夫《それ》より常滑へかかり、東へとり板山《いたやま》越被遊《あそばされ》、成岩の常楽寺に御入、是より海上三里舟にて御越、大浜（碧南市）の証明寺（称名寺《しょうみょうじ》）へ御入、夫より大樹寺へ御入也と知多人いへり。是れ実説なるべし」

常楽寺の『永禄三年家康公第一回来寺由緒』文禄四年（一五九五）には、

「常滑之住人衣川八兵衛と申百姓に御案内被仰付、成岩天龍山へと仰聞当寺へ御入候也。（中略）当山にて献餉《（食事）》、夫《それ》より三州田戸《たど》（高浜市）へ被渡候《わたられ》」

三河大浜と田戸の二説に分かれるが、『古今消息集』に元康が永禄二年十一月二十八日付で大浜称名寺に寺領を寄進した判物《はんもつ》写しがある。半年前に大浜へ来ていて称名寺の住職と知り合いなので頼って行ったと考えられる。称名寺には家康の先祖世良田有親の墓があり、大浜は松平家の領地なので家臣もいて安心してゆっくり休息したのであろう。

常楽寺由緒には田戸へ行ったことになっているが、追手を欺くために田戸へ行くと言い残して出たが、船は二手に分かれたと考えられる。

『三河東禅寺記』には「大樹寺衛送者は僅か一十八人」とあり、『三河龍海院年譜』に大樹寺に入ったのは二十二日としているので、本隊が帰った二日後に帰っている。人数が減っているのは田戸へ渡った隊もあったからであろう。これら寺の記録は南へ行って帰ったことと符合するので事実と思われる。家康の慎重さをうかがわせる行動である。

詳しくは『郷土文化』77巻1号「桶狭間合戦での家康の行動」を参照願いたい。

Q18 小瀬甫庵『信長記』はどのような史料か?

A 多くの研究者が甫庵『信長記』は正しくないと指摘しているが、それは誤解からそのように言われるようになった。『三河物語』で、大久保彦左衛門が「信長記ヲ見ルニ、イツハリ多シ」と書いていて、この言葉が評価を低めているのだが、それは「力ノ無者《なき》ヲ大力ト書キタルガ、みな嘘なり」とあるように人物評価が正しくないと言っているのである。

「諸国にて隠レ無覚《なきおぼえ》之者ヲ書カザルモ有」と怒っている。しかし徳川で評価された英雄でも、『信長記』は信長中心の書なので書いていないだけである。

「人に後指《うしろゆび》ササレタル者ヲ、鬼神之様に書キタルモ有」としている。おそらく水野忠重《ただしげ》のことと思う。忠重は家康の家臣でありながら、信長の家臣となり刈谷城主になっている。それを〈城主のえさに飛びついて徳川を裏切った〉と徳川の家臣は後ろ指を指したのであろう。信長は水野忠重を評価している。その理由を家康は承知しているが、隠された理由（佐久間信盛追放と関係がある）を徳川の家臣は知らないのである。どちらの陣営から見たかで人物評価は逆になる場合もある。異なって当たり前で偽りとは言えない。

小瀬甫庵は、太田牛一を評して「朴にして約なり」「閑暇なき身なれば漏脱なきに非ず」〈素朴で約されている。忙しい身なので書き漏らしたこともあったであろう〉として〈この書を基本とするが、漏れている人を補足したい〉と述べている。沓掛三千貫文をもらった簗田出羽守は『信長公記』に記載がない。評価されているのに漏れた人物の一人としたと思う。

『信長公記』を基本とするが、当時あった記録や他の説も取り入れている。『伊東法師物語』を流用したことはすでに述べたが、「遊花《ゆうか》」なる人物の書からも引用している。

「遊花とて、風雅《ふうが》を事とする人の候《そうら》ひけるが」

として、熱田神宮に参拝したことから神戦《かみいくさ》になったとし、「神霊《しんれい》新たなる事肝《きも》に銘《めい》ずる者なり」、勝利は熱田大明神のおかげとしている。それで白鷺《しらさぎ》が戦場に導いたとか、熱田神宮での祈願文《きがんぶん》を載せているが、神戦は遊花の書にあったことと思われる。

『信長公記』にも「熱田大明神の神戦かと申し候なり」とあるので、そのように語る書が当時あったことは確かであろう。迷信が信じられた時代なので、神の御加護がなければ二十倍の敵に勝てるはずはないと考えた人もいて、甫庵も影響されたと思う。

熱田神宮の祈願文は実際に使われたものではないと考えられるので、嘘とする説には賛同者が多く、甫庵の創作とされ、すべて創作によるものとみなされたのであろう。しかし、祈願文には今川軍を「四万」とあるが、『信長記』本文では「四万五千」としているので祈願文は甫庵の創作文ではない。慶長七年の『中古日本治乱記』にも祈願文の記載がある。甫庵より九年前に成立した書にすでに書かれている。祈願文を甫庵作とするのは誤解である。

すでに解説したように、上洛や迂回進路は、参謀本部が甫庵『信長記』を読み誤っていたのであって甫庵の誤りではない。甫庵は「不意打ち」とは言っているが「奇襲」とは言っていない。甫庵は自分の意見を加えながら詳しく書いているが、詳しい分誤った推定と思われる所もあり注意して読む必要はあるが、甫庵が書いたから誤りと決めつけるのは思い違いで、内容を検討する史料に加えるべきである。

甫庵『信長記』の出版は慶長十六年（一六一一）なので桶狭間合戦から五十一年後で、《諸書が甫庵を流用した》とする説があるが、五十年間のあいだに桶狭間合戦を記した書がなかったとは思えない。正しいかどうかは別として多くの書はあったはずである。

甫庵は『信長公記』を元にしているので今川軍を四万五千としているが、『信長公記』を含め甫庵と同じ四万五千とする史料は（15％）しかない。

しかし四万以下の史料は（72％）ある。甫庵を流用していたのではない証拠である。

甫庵は『伊東法師物語』や『中古日本治乱記』など古い史料を参考にしているが、緒書もそれら史料を参考にしているので、似た話になっているのである。


合戦の後にすぐ書かれた書は多いと思うが、信長生存中は信長に都合の悪い話は公表されず、多くが隠される。秀吉や家康の時代になってから記録が出てきて、それを引用する場合が多いと思う。


現代の太平洋戦争でも、戦中はもちろん戦後すぐに全体を正しく把握していた書はなかった。A級戦犯は真実を語らずに絞首台へと消えた。罰を免れた関係者は皆口をつぐんだ。三十～四十年後に研究書が出て明らかになったことも多い。七十年後に『昭和天皇実録』が出版されて初めて中枢部がどう考えていたかが正確にわかった。したがって百年後に書かれた書だから信用できないと決めつけるべきではないし、直後に書かれたから正しいとも限らない。新聞には大本営発表が掲載されていたが、ほとんど嘘と後になってわかった。

桶狭間合戦でも、古くは「夜軍」「神戦」「雨中の戦争」などと語られていたようだ。

甫庵だけではなく、偽書とされている『武功夜話』や、誤解されている文献は多い。従来の説（自説）をくつがえすことになる書は、偽書として葬りたいとする考えの方がいるのではないかと思う。

Q19 『信長公記』天理本はどのような史料か？

A 今回取り上げた『信長公記』首巻は、陽明文庫本（角川文庫版）で最も知られている。しかし天理大学附属図書館所蔵の写本は「天理本」と呼ばれ、内容に異なる部分がある。この件について桐野作人氏が『歴史読本』「信長記の大研究」で興味深い説を発表している。桐野氏は天理本と、甫庵『信長記』とに類似点があり、「甫庵は天理本を参照した節がうかがえる」としている。注目点をまとめると次のようになる。

①十八日の夜の軍議の時、家老衆が決戦に反対し籠城を勧めるが、信長は同心せず、国境で一戦を遂げると述べたとある。甫庵『信長記』には同様の記事がある。陽明本は雑談のみとするが、家老が何も意見を言わなかったとは考えにくい。翌日に家老衆はついてきているし、その後の信長の動きと一致しているので、何らかの話し合いはあったと思う。家老が籠城を勧めたことは事実と思うが、国境で戦う意思を述べただけで作戦を伝えたわけではなく、ほとんどが雑談であろう。しかし国境で戦うと述べたことは秘密事項なので、太田牛一は後に削除したのかもしれない。

②天理本には「佐々隼人正・千秋四郎二首山際迄被懸向候」とあり、佐々隊は「山際」

へ向かったとある。甫庵『信長記』には「山際」とある。しかし陽明本には「山際」の文字はない。信長が〈山際迄行った時に俄に急雨〉と陽明本にあるので、佐々隊は信長軍と同じ道を通って、山際とする太子ケ根の麓を通っていたことが確認できる。

③天理本には「御敵今河義元人数四万五千にておけばさま山に」となっている。「おけばさま」とあるのは興味深い。豊明史跡の地元では昭和まで「おけばさま」と呼ばれていた。高力猿猴庵著『東街便覧図略』には豊明史跡の写生図を載せ「おけばさま」とルビをふっている。地元で聞いたのであろう。牛一も当初聞いたままに書いたが、桶狭間と書かれて「おけはざま」と読まれて語られたので後に直したと思う。

したがって天理本は初期の原稿で、陽明本は修正した後の原稿と考えられる。他にも興味深い記事があるが略す。

『信長公記』の著者太田牛一は春日井郡安食《あじき》村（名古屋市北区）の人で、甫庵も同じ春日井郡小幡《おばた》村（名古屋市守山区）の人で五㎞しか離れていない。同郷なので知っていたと思われる。それで『信長公記』首巻の初期の原稿を甫庵に見せた可能性がある。「粗記《ほぼ》し行くままに」とまだ粗《あら》原稿であったと甫庵は述べている。

甫庵は『太閤記』の序文で、太田牛一のことを「素生愚《そせいぐ》にして直《ちょく》なる故、始《はじめ》聞入たるを実《まこと》と思ひ、又其場に有合《ありあわ》せたる人、後に其は嘘説なりといへども、信用せずなん有ける」

と書いているので実際に会っている。「虚説」と言ったのは甫庵自身であろうが、若者の意見には耳を貸さなかったと思われる。年号の誤りを指摘したのではなかろうか。天理本に「天文二十一年」は二か所削除されているので、甫庵が初期の原稿を写した時に削除したと考えられる。その写本が天理本であろう。

小瀬甫庵は関白秀次の家臣になっていたので、文禄四年（一五九五）の秀次切腹の際数年間蟄居となっていて、その間に医学書などを著している。

関が原戦（一六〇〇）の後、堀尾吉晴（茂助）の儒医として出雲へ行っているが、吉晴の没後浪人となって京都などに住んだという。天理本は堀尾家の姫が石川家に嫁入りする際に持参した物で、写本の筆者名に堀尾家家臣の名がある。甫庵が堀尾家に残した写本の写しが天理本と考えられる。

したがって『信長公記』天理本を、甫庵『信長記』は元史料としていたと言える。

甫庵は『信長記』「起」で次のように書いている。

〈天正年中に書き始めたが、憚《はばか》られるところがあり留めておいたところ、慶長九年春に夢の告げがあって、なお思案していたところ重ねて正しき諭《さと》しがあったので、思うところあ

って、世に示すことにした〉

甫庵の言葉を信じるとすれば次のようではないかと思う。

信長の没後、太田牛一に会って初期の原稿から写本を取らせてもらい、それを元に、他の史料からも引用して『信長記』を書き上げた。自信作なので慶長九年に出版を思い立つが、出雲に出版社はなく、ためらっていたが思い切って堀尾家を退出して京へ行き、京で出版したのであろう。刊行できたのは慶長十六年（一六一一）のことで、その年六月に堀尾吉晴が没したので、それで浪人になったと思われたのであろうが、その前に自分の意志で堀尾家を退出したと考える。

あれだけの量を木版画印刷で仕上げるとすれば、半年では無理である。柳沢昌紀氏によれば、慶長十七年に白山神社に奉納した記録があるというので正しいと思う。元和八年（一六二二）の刊行とする説もあるが、売れたので元和八年に再販したのであろう。

Q20　簗田出羽守の活躍はあったのか？

A　桶狭間合戦に貢献があって、沓掛三千貫文の地を与えられたとされる簗田出羽守。『信長公記』に「出羽守」の記載はなく、小瀬甫庵『信長記』『太閤記』にある人物なので、記事は甫庵の創作と疑われていて、認めようとしない学者は多い。

甫庵『太閤記』（一六二四）に次のようにある。

「義元合戦之時、簗田出羽守能言《よきこと》を申上、大利を得給ひしかば、即其場にて、沓掛村三千貫之地、恩賜《おんし》有て、義元之首を捕りし毛利新介には御褒美も出羽守よりは、かろかりし也。此合戦は沓掛村之山にて有し故に、右之分なるべし」

ここで言う「能言」とは、太子ケ根の信長本陣で、義元本陣へ攻めかかる時に信長に述べた言葉で、『伊東法師物語』にその時の記事がある。

「信長卿、敵は猛勢寄手わつかのことなれハ、武略をなさてハ叶間敷と、後の山に出て推廻し旗本さして切て入へし。去程ならハ、山際迄旗をまき忍ひ寄、義元か本陣へかゝれと下知し給ひける。簗田出羽守進ミ出て仰《おおせ》尤《もっとも》可然《しかるべき》や左様にかゝらせたまハゝ大将を討申さんハ一定と存る也、唯急かせたまへといさめ申けれハ、弥《いよいよ》士卒の気をはけましける」

甫庵『信長記』と似ていて、甫庵が流用した可能性がある記事。ただし甫庵は出羽守が述べた言葉に、砦での戦いとか「敵の後陣は先陣也」と書き加えていてわかりにくい記事になっている。しかし、元にした文では簡潔でわかりやすい内容である。

ここでも信長は〈敵は猛勢で我が方はわずかなので、武略がなくては勝てない〉と言っている。簗田出羽守は、義元を討つ作戦を知っていて、蜂須賀党を僧侶の後ろに付けさせて酒を運ばせ、義元の所在確認と本陣の状況を調べさせていた。その情報が太子ケ根の北谷に届き、簗田出羽守が〈今攻めれば大将を討つことができる、急がせたまえ〉と信長に伝えたということであろう。

連歌師の里村紹巴《じょうは》が、九坪《くのつぼ》で簗田出羽守と酒を酌み交わし、沓掛の城主でもあると『富士見道記』に書いているので、出羽守の実在は確かである。（『富士見道記』の出羽守「息」は「自ら」の誤写）

『桶狭間合戦名残』では、「同村（沓掛村）之説ニ右出羽守ハ信長公江閑道《かんどう》ヲ進メ候処、御褒美ニ沓掛ヲ被下《くだされ》候由申伝候」とある。地元の記録なので重要である。〈閑道を勧めた〉は、今川軍に気付かれない道を勧めたのであり、中嶋砦から山道を太子ケ根へ向かう道で、この作戦の成功はこの進路にもある。この作戦は信長の考えを具体化させた出羽守の功績が大きい。それで勝利が確定した「即其場にて沓掛三千貫の地」をもらった。簗田出羽守は沓掛出身なので、以前からの約束だったのではなかろうか。

簗田出羽守の墓と位牌は沓掛の聖応寺《しょうおう》にある。この寺には信長の位牌もある。聖応寺の裏山が沓掛城であったと前住職（故人）から伺ったが、蓬左文庫にある沓掛城の『絵図』

と同じ二重の薬研濠《やげんぼり》が現在も残っていて規模は一致している。詳しくは『歴史研究』59 2号「沓掛城の新発見」を参照願いたい。

簗田出羽守は、信長の手足となって働いていて情報担当の活躍があったが、本来は上級の忍びなので裏の仕事が多く、名前は何度も変えていてわかりにくく誤解されている。『信長公記』には「簗田弥次右衛門」として清洲城を奪う時に登場するが〈一僕《いちぼく》であったが面白き巧みにて大名になられ候〉とあり、九坪《くのつぼ》城主（北名古屋市）になっている。「一僕」は家臣を持たない身分の低い者であったが大名になったというので、かなりの活躍があったはず。『武功夜話』にはその時の活躍記事がある。

その後出羽守を名乗り「簗田左衛門太郎」に改名。上洛後、信長の要望で朝廷から「別喜《べっき》右近《うこん》」の名を賜っている。諸書には「政綱・廣正・政次・鬼九郎・戸次《べっき》右近・戸次法順・小松左近将監」とあるが実は同一人で、スパイなので名を変えていて信長の家臣とは知られないようにしていたのである。

『織田信長文書の研究』で、信長は元亀三年（一五七二）十月二十二日付、三河守（家康）宛の書状で次のように書いている。

「その表の見廻として、簗田左衛門太郎を進《まいら》しめ候、存分は具《つぶさ》に申し含め候」

これは三方ケ原の戦いの二か月前で、簗田左衛門太郎（出羽守）に自分の考えを申し含めてあるとして家康に派遣していた。信長の考えを最も熟知していて信頼されていたと思われる。「表の見廻」とは、裏の話ではなく表の作戦上のこと。

簗田出羽守の忍びの名「簗田鬼九郎」宛の家康書状も現存している、最上級の褒め言葉があるので感謝状である。家康は鬼九郎に助けられていたようだ。詳しくは『桶狭間合戦奇襲の真実』で考察している。

常に信長の指令で働いていて、信長の危機を脱することに貢献したことがわかっている。信長の危機とは、武田信玄、上杉謙信、大坂石山本願寺で、その対策である。

天正四年（一五七六）、簗田出羽守（戸次右近）は信長に加賀から呼び戻されていて《敗戦の責任を取らされた》と解釈されているが、実はその時に重大な指令を受けていて、成功していたのである。いつか明らかにしたいと思っているが、複雑な内容なので略す。

Q21　信長は何歳で家督を継いだのか？

A　織田信長は天文十八年（一五四九）に熱田八ケ村中に対し、禁制制札を出している。したがってその年に十六歳で家督を継いでいたことは確かである。

しかし父信秀の没年は、天文十八年のほか、同二十年（位牌にある）、同二十一年（信秀の判物がある）の三説あるという。

『信長公記』には、信秀が天文十八年正月十七日に犬山・楽田衆と戦った記事の後に次のようにある。

「備後守殿疫癘《えきれい》御悩みなされ、様々御祈祷・御療治候といへども御平癒なく、終《つい》に三月三日御年四十二と申すに御遷化」**（※疫癘はマラリアのこと）**

『続群書類従』の『織田系図』では、信秀は「(天文) 十七年戊申築末盛城。翌十八年己酉三月三日卒。四十二歳」となっており、甫庵『信長記』、『総見記』、『織田軍記』、『佐久間軍記』、『寛政重修諸家譜』他、没年を天文十八年とする史料は多い。

『武功夜話』では、天文十八年三月に逝去し「ご葬儀は取り行わず、両三年の後これを行うなり」とあり、葬儀は天文二十年三月に行ったとある。「両三年」は数え年三年なので実質二年のことで、葬儀の二年前に没していて喪は伏せられていた。

『尾参宝鑑』には次のようにある。

「(天文十八年) 二月下旬より織田信秀、疫を病みて危篤に迫る。老臣を召して曰く、信広は長子と云へども母賤し、次男を嗣とせよと。三月三日末森城中に没す。信長は時に年十六。信長が嗣ぐ（中略）遺命により喪を秘す」

喪を二年間伏せられて葬儀の年を没年として位牌に記載されたとすれば、天文十八年と二十年の二説があることは理解できる。

天文二十一年説は、信秀の判物が三点あるという。年号は天文十八年十一月と、十九年十一月で、後一通は年号がない。しかし花押が異なるし、肩書も「弾正忠」から「備後守」に変わっている。「弾正忠」は信長が継いだので「備後守」に変えたのであろう。喪を秘している間に信秀の判物を要求されたので、花押を変えて出していた偽の書状である。

天文二十一年説の方は、《小瀬甫庵が己酉と誤った年号を書いたので『織田系図』や他の史料にも受け継がれた》と説明しているが、甫庵『信長記』が出版されたのは信秀の死から六十二年後である。『織田系図』は信長生前から書き継がれていたはずで、甫庵の説が『織田系図』に採用されることはない。『織田系図』は誤りではなく、信長は十六歳で家督

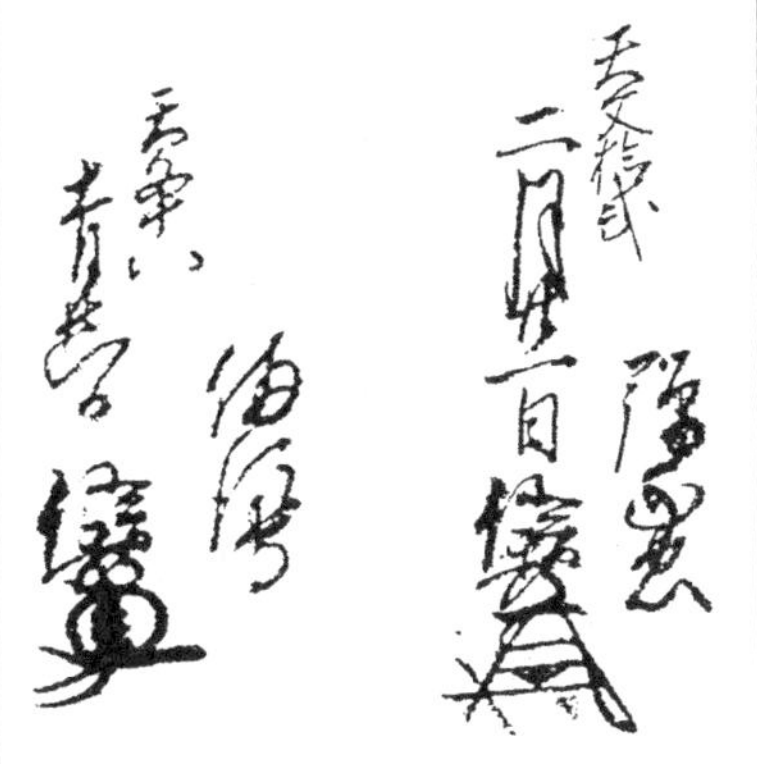

加藤家宛書状（天文十二年）　祖父江文書（天文十八年）

図23　信秀の判物　左没後　右生前

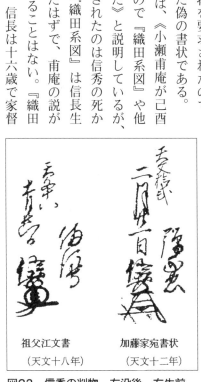

を継いでいた。詳しくは、『歴史研究』632号「信長家督相続は十六歳」を参照願いたい。

Q22 信長は弟を殺したというが、何があったのか？

A 天文二十年（一五五一）九月に、弟の信行（勘十郎・信勝）が笠覆寺《りゅうふくじ》領に出した判物がある。内容は「備後守（信秀）并《ならびに》三郎（信長）任先判之旨」とあり、〈（死去した）信秀と（権利が亡くなった）信長が先に出していた判物と同様に今度は勘十郎が安堵する〉という意味で、信長が廃嫡《はいちゃく》されて家督は弟に変えられていたことを示す。よって信秀没後である。

信長が廃嫡となったのは僧侶を数人殺していたことによる。その事件についてポルトガル人宣教師ルイス・フロイスは次のように『日本史』に記している。（『回想の織田信長』）

「彼の父が尾張で瀕死《ひんし》になった時、彼は父の生命について祈祷することを仏僧らに願い、父が病気から恢復するかどうか訊ねた。彼らは彼が恢復するであろうと保証した。しかるに彼は数日後に世を去った。そこで信長は仏僧らをある寺院に監禁し、外から戸を閉め、貴僧らは父の健康について虚偽を申し立てたから、今や自らの生命につき更に念を入れて偶像に祈るがよい、と言い、そして彼らを外から包囲した後、彼らのうち数人を射殺せしめた」

マラリアは健康な者でも突然発症し、高熱が三日ごとに出て三度目の高熱で激しい震えが起こり危篤となるので、一週間後が最も危険で死亡率が高い。祈祷を頼んでから数日後に世を去ったとするのはマラリアの経過と同じ。（愛知県文化財に、蓮如《れんにょ》上人の「疫癘の御文」があるが、マラリアが蔓延した時の直筆書状）

信秀の葬儀を取り仕切った大雲永瑞《だいうんえいずい》和尚は信秀の伯父なので織田家で発言権があり、仲間の僧数人を殺されたことを怒って信長を許さず、織田家を招集し信長の廃嫡を迫ったのであろう。

信長は、天文二十年三月の信秀葬儀で仏前に抹香を投げつける不作法を行っているが、この事件は廃嫡の話があって、信長はそれを怒っていたと思われる。葬儀での不作法を多くの者が見ており「大うつけ」と呼ばれるようになる。

廃嫡の話は伝えられたであろうが、信長は認めず居座る。もめた末に、傅役《もりやく》で家老の平手政秀は信長を諫《いさ》めるので待ってほしいと織田家に懇願したと考えられる。政秀は手を尽くして努力をするが、信長は聞く耳を持たず、ついに最後の手段に訴えて、沢彦宗恩《たくげんそうおん》に後を託して諫死《かんし》したのである。父親代わりの政秀の死はさすがにこたえたようで、政秀寺を建てて祀っている。信長はこれをきっかけに改心したようであるが、家督を譲る気はない。

信長は二度暗殺されそうになるが、危うく逃れている。これは譲ろうとしない信長に、弟が放った刺客と考えられる。

それでついに戦となる。弘治二年（一五五六）信長はわずか七百の兵で、家老の林通勝・柴田勝家軍千七百と稲生（名古屋市西区）で戦っている。家老と戦うのは異常である。

しかし劣勢の中、信長が勝った。林も柴田も謝ったので許している。彼らは織田家の決定に従っただけと知っていたからである。城に逃げ込んだ弟も母の嘆願で許している。

その後、再び弟が謀反を計画したと柴田から聞き、病気と偽って数日床につき、弟を呼び出している。フロイスは弟を兄と勘違いしているが、脈を取ってもらおうとして左手を差し出した時「用意してあった短刀をつかみ、その場でただちに彼を殺した」と生々しく記述している。フロイスの書は読まれる心配がないので、聞いたままに記したと思う。

この数年間は信長にとって最も危険な状況にあり、負けたら終わりと知る。劣勢であればこそ、どんな手を使ってでも勝たなければならないことを学んだのである。

Q23 信長が出陣前に敦盛の舞を舞ったのはなぜ?

A 大軍の敵と戦うというのに、信長は敦盛の舞を舞ってから出陣した。信長の剛毅な一面を感じさせるが謎である。この行動を筆者は次のように考えている。

『信長公記』には、たびたび源義経《よしつね》に関する記述がある。

村木砦攻めの渡海時、「昔の渡辺・福島にて逆櫓《さかろ》争ふ時の風も是程こそ候《そうら》め」とあるのは、義経が屋島への渡海時も風が強く海が荒れ、船を出す際に梶原景時と論争した時の風と比較しているのである。信長は源平合戦に詳しく、義経にあこがれていたと思う。

永禄十一年の上洛時、「昔判官《（義経）》殿鉄皆《てっかい》がガケめされし時の御鎧進上申す者もこれあり」とある。これは、義経が一ノ谷で着たとする鎧をもらって信長が喜んでいたのである。信長は戦の天才義経を手本としていて、それを知った者が義経の鎧を進上したのであろう。

義経の鵯越《ひよどりごえ》での奇襲攻撃を桶狭間合戦で使えないかを検討したと思う。『吾妻鑑《あずまかがみ》』では一ノ谷での勝利で、〈大将軍九人と千余人を誅殺した〉と頼朝に報告している。「大将軍九人の誅殺」は義元を討つ時にも使えると考えたのであろう。

それをうかがわせるのが「敦盛の舞」なのである。敦盛とは一ノ谷で討たれた平家の若武者のことで、義経が一ノ谷に出陣する時と、自分の心境とを重ね合わせ、信長は義経になりきってその気分を実感しながら舞っていたと思う。

信長は劣勢なので、まともに戦っても勝ち目はなく、義元の首を取ることを一番に考えていたことは確かである。そのために地理をよく知る沓掛出身の簗田出羽守に今川軍の進路を検討させた。永禄二年に今川軍が兵糧入れで沓掛城から大高城へ向かったことから同じ道を進むと考え、それに合わせて織田軍の進路を提案させ、その案を信長自ら現地で確認して奇襲に都合の良い場所として田楽狭間（豊明史跡）に定めたと考える。当然筆頭小姓の岩室長門守は同行していて、道を確認できており（一km先の）桶廻間村武路で今川軍先頭に佐々隊をぶつけて進軍を止めさせる策と決める。そうすれば義元は田楽狭間に本陣を置くであろうと予測したが、その通りになったのである。

それは「軍路を止めせしめる策」であり、「先手をくひとめる」策であったことを「我秘する所の謀略」と、信長が佐々・千秋に語っていたことからその戦術があったとわかる。

義元本陣を攻める時に信長が南へ回ったのは、義元が西へ逃げる道を塞ぐためでもある。それで南からと西の山から駆け下りる隊とで、鉄砲を合図に同時に義元本陣へ突入した。南からの突入に気を取られていた所へ、山の上からの突入で横から攻められ、あっという間もなく崩れた。北には池があり、不意打ちとなった今川軍は東へ逃げるしかないが、東には水田があって足を取られ、次々と討たれた。水田へ落とし込む策は、一ノ谷で海へ追い込んで溺れさせた戦略をイメージしたと考えられる。信長は戦略に抜かりがない。

かくして信長の一方的な勝利になったのである。

Q24 信長には謀計の考えがあったのか?

A 信長と実際に三十回程会っていたポルトガル人宣教師ルイス・フロイスの『日本史』に、信長の性格を知る記述がある。(『回想の織田信長』)
「彼は中くらいの背丈で、華奢《きゃしゃ》な体躯であり、髯《ひげ》は少なくはなはだ声は快調で、きわめて戦を好み、軍事的修練にいそしみ、名誉心に富み、正義において厳格であった。彼は自らに加えられた侮辱に対しては懲罰せずにはおかなかった」

信長の実像が見えてくる記述である。さらに、

「はなはだ決断を秘し、戦術にきわめて老練で、非常に性急であり、激昂《げっこう》はするが、平素はそうでもなかった。彼はわずかしか、またはほとんど全く家臣の忠言に従わず、一同からきわめて畏敬《いけい》されていた」

この記述は、桶狭間合戦の場合にもあてはまる。「決断を秘し、戦術にきわめて老練」で、「全く家臣の忠言に従わず」とあるので、自分で立てた老練な計略を秘していたのである。佐々らをおとりとする巧妙な作戦は、敵に知られれば惨敗となるのは確実で、漏れないように家老達にも戦術を伝えず、味方もだまして実行したのである。家老達は中嶋砦で信長を止めようとしていたので作戦を聞いていないとわかる。説得してから出発したので時間を使ってしまい焦ったと思うが間に合い、狙い通り義元をだますことに成功した。義元は「信長の謀計」にはめられたのである。

美濃の斉藤龍興を倒した時には、〈敵の家臣の紋の旗を持たせた家来を、斉藤軍の背後

に回して斉藤龍興を安心させ、前と後ろから挟撃した〉とフロイスは記している。

強い敵と戦う時の信長の戦略は、いつも敵をだますのが常套《じょうとう》手段で、敵から見れば「信長の謀計」なのである。

義元も、実質の三倍である四万で尾張を攻めると噂を流してだまそうとしていた。織田軍総数の八倍である。それで勝ち目がないと判断した犬山織田家などが参戦を見合わせ、三千程しか集まらなかった。信長はそれも見越して二千でも倒せるおとり作戦を考えたが、それがみごとに的中したのである。


桶狭間合戦は歴史上重要な分岐点になったことは間違いない。このあと信長は家康（元康）に同盟を持ちかけていて、清州同盟でお互いに救援することを誓っている（『尾参宝鑑』）。それは尾張での人質時代に、家康（竹千代）と信長が会っていて仲が良かったから今川を裏切り、同盟に応じたのである（この同盟は二十年間守り続けられた）。

その後も、信長は謀計を駆使して強引に敵を倒して行くが、それは戦国の世を終わらせるための「天下布武」であり、「天下静謐《せいひつ》」が目的であった。志《こころざし》半ばで潰《つい》えるが、その志は盟友の家康が引き継ぎ、完成したのである。

1 豊明史跡

国史跡指定標柱（昭和12年に指定）

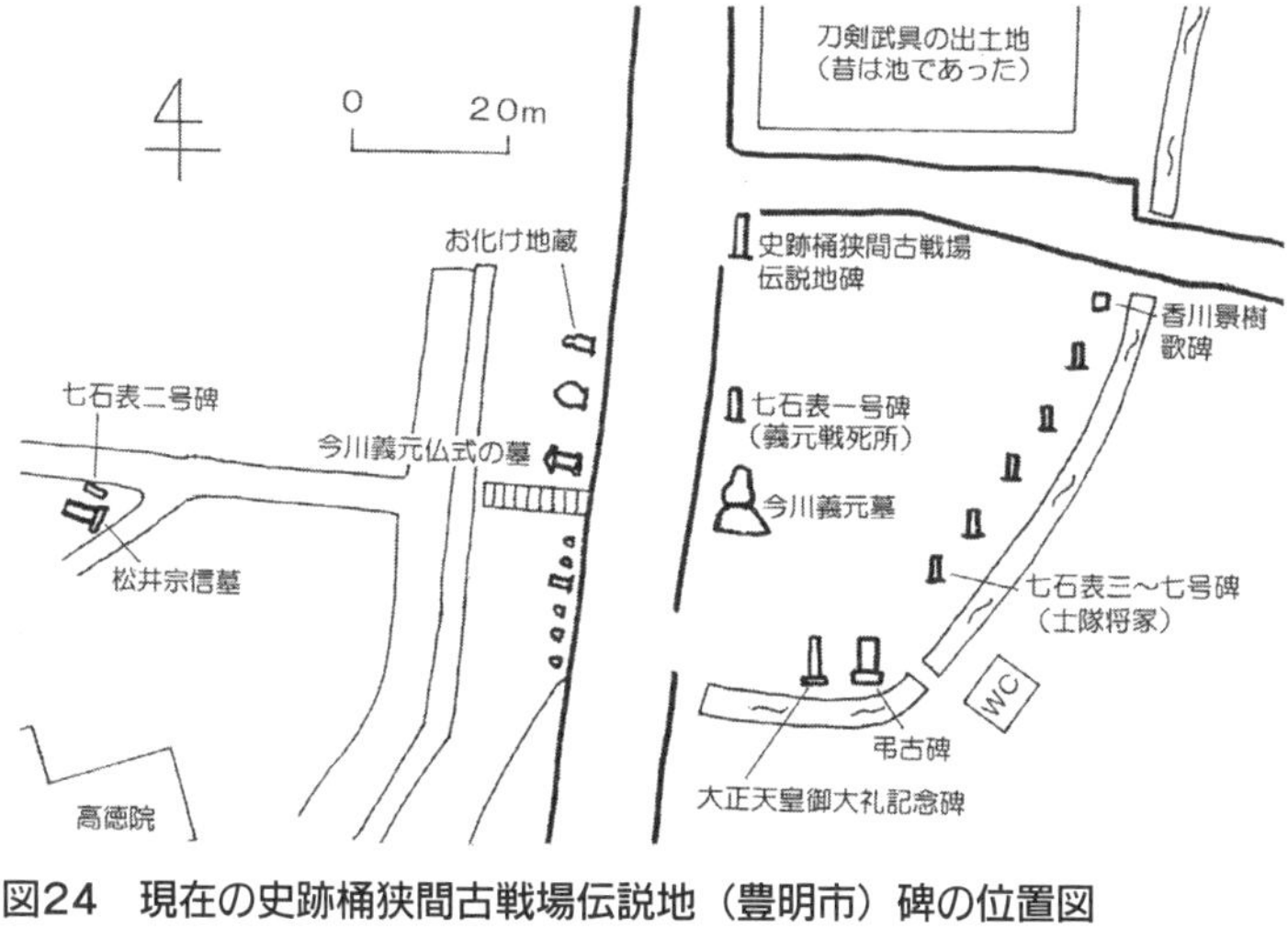

図24　現在の史跡桶狭間古戦場伝説地（豊明市）碑の位置図

義元塚

義元の墓と伝えられた大きな塚。明治９年に「今川治部大輔義元墓」とする墓碑が建てられた。家康は上洛のたびに寄ったという（『徳川実紀附録』）。

義元仏式の墓

戒名があり300回忌法要を長福寺がここで行っている。翌年の万延元年（1860）に建てられた仏式の墓。「天澤寺殿四品前礼部侍郎秀峯哲公大居士」「願主某」と刻まれている。

七石表一号碑

尾張藩士が明和８年（1771）に建てた７本の碑の一号「今川上総介義元戦死所」。上総介は義元の旧官名。明治末頃の写真。

高徳院の本陣跡の碑

「今川義元公本陣跡」の碑は、今川義元公直系19代の芹澤二郎氏が、昭和50年代に豊明史跡に建てようとしたが文部省から許可されず、高徳院に建てた碑。裏面に記載がある。

2今川の城

鳴海城

名鉄鳴海駅の北200m「鳴海城跡公園」になっている。今川の武将岡部元信が守っていて最後まで抵抗。義元の首と交換で開城した。

大高城

JR大高駅の西南500m付近。左二の丸跡、右が本丸跡。松平元康（家康）が前日兵糧を入れ、早朝丸根砦を落とした。家康は二の丸に入っていて、本丸は義元のために空けていた。

沓掛城一

南北朝の後から代々近藤氏の城であった「沓掛城址公園」。

沓掛城二

聖応寺の裏山（本丸跡）から西の眺め。『寛政重修諸家譜』によれば、城主近藤景春は高圃城（たかそのじょう）に移っていたのでその城跡か。標高46m。

③織田の砦

善照寺砦

鳴海城の東450m付近。「砦公園」になっている。佐久間信盛が守っていた。佐々・千秋隊が待機していて、信長到着と同時に出発した。

中嶋砦

鳴海城の東南500m付近。左が扇川、右が手越川、その間にあった。信長はこの砦から扇川沿いに東へ向かったという。砦は扇川沿いにあったとする説もある。

鷲津砦

大高城からの眺め。大高城から北東700m付近。山上建物の右辺り、標高30m、JR大高駅の東200m。写真の右枠外に丸根砦。

丸根砦

右の山が丸根砦、左の山が大高城、距離750m。佐久間大学が守っていて、松平元康（家康）が攻め落とした。標高35m。

[4]『明治24年測地地図』

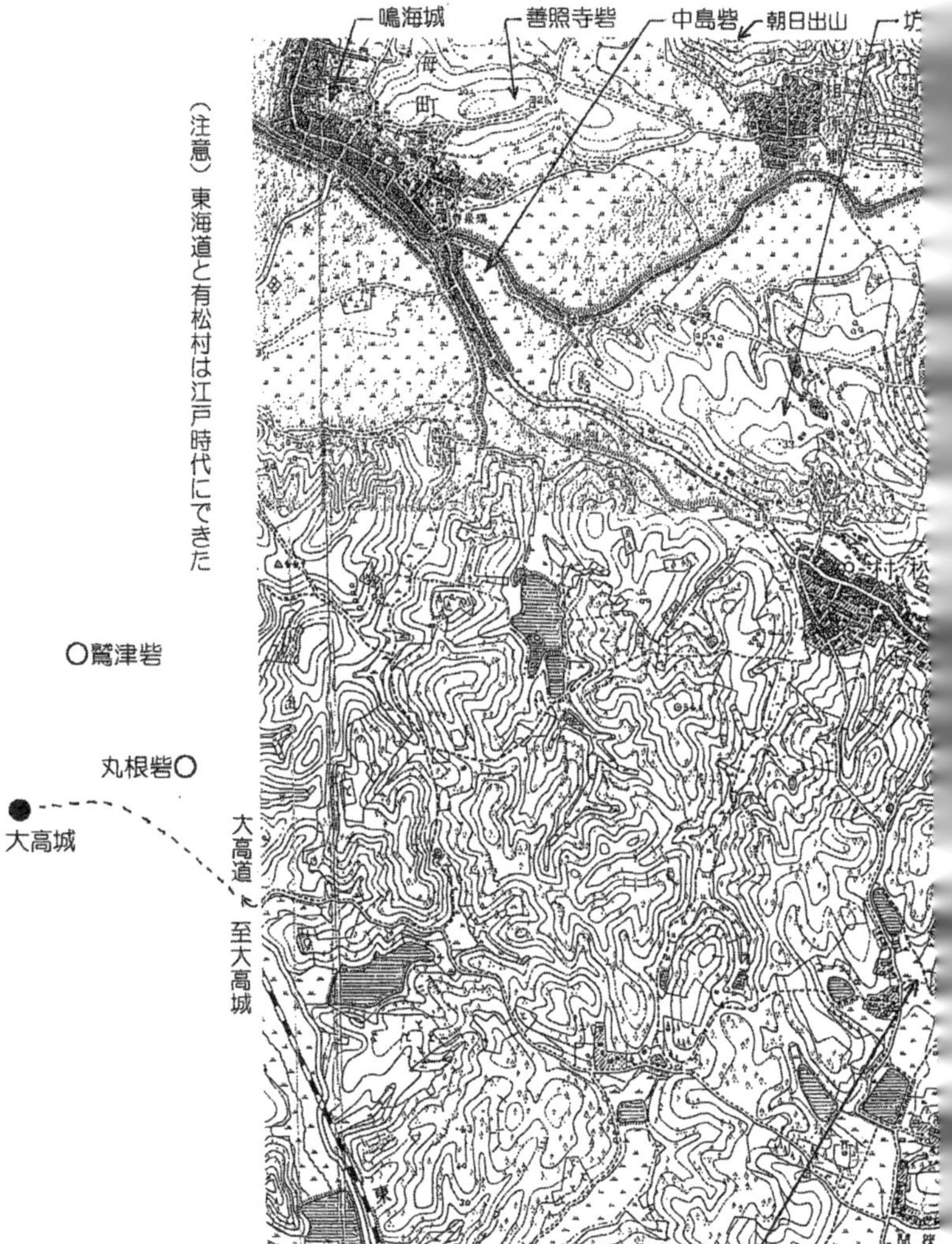

図25　明治24年測地地図

おわりに

多くの史料を確認してきたが、信長には巧妙な作戦があり、「奇計」とする「武略」があったとする一次史料の『厳助大僧正記』や『春日山日記』を証明する史料があった。『井伊家伝記』に「信長謀計を以て急に攻掛り」とあったが、新発見史料の細井平洲作『桶狭間之合戦絵図』は井伊直盛の記録もあって、そのまま一致する内容となっている。これら史料により「謀計」の意味がわかった。

義元は「信長の謀計」とするおとり作戦により、信長を討ったと思い込まされ、油断したところを急襲されて敗れたことは確実である。

したがって、桶狭間合戦は「佐々隊おとり作戦」であったと結論付ける。

信長は佐々・千秋に、自分の身代わりとなる影武者になってもらうように頼み込み、善照寺砦に待機させておいたのである。

前日の軍議では雑談ばかりではぐらかし〈籠城はしない、国境で戦う〉とは述べたものの作戦は伝えなかった。このおとり作戦は知られてしまえば惨敗となるのは確実である。

今川の忍《しのび》達は家老の動きを注視していたであろうことを信長は知っていて、家老が最も漏れる危険性があると察していたのである。

前日の軍議では具体的なことは何も言わず、翌日に備えさせたのであろう。船が大高城へ千艘も集められるという情報は、数日前には信長の耳に入っていたと思う。二十日の朝、熱田の町へ火をかけようと向かった服部左京助の船は、上陸時に五十人も討たれてしまった。これは、翌日に船で大高城から兵士を運ぶであろうと、信長は義元の作戦をすでに知っていて、熱田の港に兵を待機させていたことを示している。

大高城へ向けて兵糧隊が沓掛城を出発していたのをたびたび阻止していたので、その道筋もわかっていた。したがって大高城へ向かう途中に仕掛けをする以外に方法はない。

そこで、簗田出羽守に調べさせた道筋の中で最も都合の良い場所として田楽狭間を戦場にすると定めた。一㎞先の桶廻間村の武路で、今川軍の先頭と戦えば行軍は止まり、義元は田楽狭間に本陣を置くであろうと予測した。それが『三河後風土記正説大全』で信長が語った謀略〈敵の先手をくい止める策〉なのである。

そこで、善照寺砦に待機させていた佐々・千秋隊を、岩室長門守の先導で桶廻間村へ行かせ、今川軍の先頭にいた松井宗信と井伊直盛隊に襲いかかった。開戦の報せはすぐに後方へ届けられ、義元は輿を下りた田楽狭間を仮の本陣にして兵を前方に送った。義元本陣の守備は手薄になった。信長の予測通りになったのである。

佐々らは桶廻間村武路で「我こそは織田上総介信長也」と述べ、「織田木瓜旗」を掲げていたので、信長と信じた井伊隊は、取った首を義元本陣へ届け「信長の首」と報告した。

義元は斥候からの報告で、すでに信長が四百で進軍して来ると聞いていたので、届けられた信長の首を見て疑うこともなく「天魔鬼神もたまるべからず」と述べたのである。影武者とも知らず信長を討ったと思い込み、喜んで仮の本陣で休憩し、昼食を兼ねた宴を開き、謡を三番も歌った。祝い酒が出て全員が緩んでしまい、警備は解かれた。

その状況になるのを太子ケ根の北谷で、雨に降られながら信長は待っていた。義元本陣に酒を届け、義元の所在と、その状況を知らせた忍び（蜂須賀党）からの情報を、簗田出羽守が信長に〈今攻めれば大将を討つことができる、急がせたまえ〉と告げた。空が晴れたのを確認した後、信長は「山の後ろを押し回せ」と命じたのである。また「山の上からも下《お》り立ってかかれ」と命じた。

義元は勝利を喜んで祝宴を開き、謡を朗々と歌っていた。まさにその時に織田軍が、鉄砲を合図に南からと山の上から同時に突入したのである。

不意を突かれた義元本陣は、慌てて一瞬にして崩れ、塗輿に乗る間もなく義元は三百の親衛隊に囲まれながら東へ逃げるが、東には水を張った田があり、田に足を取られて兵は次々と討たれた。三百の親衛隊は一気に五十に減り、義元はついに首を取られてしまった。

義元にとって負けるはずのない戦に大敗北となった。今川軍から見れば「信長の謀計」

なのである。戦国時代の戦なので、謀略は誰もが使っていることではあるが、信長の謀計はすごみがある。だまされた方が負けである。

奇跡と思われた信長の大勝利は、実は奇跡ではなく周到に計画された作戦があって、勝つべくして勝った戦であった。義元は油断させられたところを突然急襲されたのである。誰も気付かない巧妙な作戦「奇計」があったからこそ、大軍の敵に勝つことができた。

ただ、大軍と思われた今川方総数は、義元本隊が五千三百であったことからみて、通説となっている二万五千の半数、一万二千前後ではないかと考えている。それでも織田軍総数の二倍半になるので十分な数である。武田の高坂弾正が〈二万と予測するが、大きく見積もっても二万四千が限度〉と述べている。武田は今川の隣国で実力を知っているので正確と思う。半数は残すので、実数は一万二千程度と考えられる。

信長は、今川軍の総数を三万とみており、実勢は半数の一万五千と想定していたことが史料からうかがえるが、今川が流した四万とする噂を逆手に取り、「四万五千の敵に勝った」と尾張の武将達に力を誇示して従わせたのであろう。

永禄十一年（一五六八）の上洛の時には、他国に侮られないように「六万の敵を倒した」と公言して威嚇したのである。

京では小国尾張の織田信長が、大国の今川義元を「武略」で倒したとする噂でもちきりであったので「六万の敵を倒した」と聞き、〈恐るべき人物〉とみられたことは間違いない。

信長のだまし（はったり）であるが、確実に効果はあって、多くの武将が戦わずに従ったのである。かくして信長の上洛作戦は大成功となった。

信長はその後、戦乱の世を一気に天下取りに上り詰める。その行動と実績を見れば、並はずれた人物であったことがわかる。誰にも思いつかないことを考えていて、常人とは考えることがまるで違う。まさに「事実は小説より奇なり」の言葉通りの桶狭間合戦であり、また一生であった。

本書の説は平成二十四年に『桶狭間合戦　奇襲の真実』として新人物往来社から出版した拙著を基としてある。しかし出版社の消滅で絶版となった。新たに発見した史料を加えて簡略化し『奇計　桶狭間合戦の真実』を平成二十八年に出版したが、出版社を通さず書店売りはしていない。

その後、『三河後風土記正説大全』を知り驚いたが、令和元年に『桶狭間之合戦絵図』が発見されたことで今川軍の真相がわかり、両書とも佐々・千秋隊が影武者のおとりとなる内容で、『井伊家伝記』の「謀計」の意味を証明している。これら史料は拙著とほぼ同じであることが確認できたので、それら新たに発見した史料を加えて出版することにした。

自信をもって「佐々隊おとり説」として提唱する。

筆者が桶狭間合戦の研究を始めたのは昭和三十一年の中学生の時からで、桶狭間古戦場で説明を聞き、高徳院で鎧などの史料館展示を見て、豊明の古戦場は間違いなく義元本陣と確信した。しかし講義を聞いた時に参謀本部の説は事実かどうか何も決まっていないと講師が述べられたので、それなら自分が研究して決めると決意した。

その講義で知った『松平記』は正しいと感じたので、筆者の基本的な考えとなった。桶狭間古戦場に近いこともあって現地を何度も歩いて調べた。豊明史跡は松林であった。西の山に登った所、東海道が見渡せたので義元はここに見張りを置いていたはずと考えた。織田軍がこの山へ登ってきて、ここから駆け下りたと考えて走ってみたところ、松林をうまくすり抜けられた。その途中に松井宗信の墓があって、ここで戦って討たれたと知った。しかもその真下（東）に義元塚があったので、ピンポイントで襲われたと知り驚いた。

当時は家も少なくて昔の面影が残っており地理もわかるので、その頃に歩いて調べたことは今でも役に立っている。当時考えたことは、豊明なのになぜ桶狭間合戦というのだろうかの疑問があって、最初に佐々らが桶狭間村で戦ったからだろう考え、大池の対岸に鉄砲で待ち受けたと想像していたが、後に七ツ塚が武路にあることを知り、これが佐々らの痕跡と思った。

それと、参謀本部の迂回奇襲説を読んで、迂回の進路は違うと思った。その進路の道はないからである。『明治24年測地地図』（図25）を見て、坊主山の北の道を通ったに違いないと考えていた。

当時研究書は多くなかったし文献史料は読めず、しばらくブランクはあるが、読めるようになった頃に史料を調べていたら、大正時代に発行された『愛知県史跡名勝天然記念物調査報告』に『桶峡間図』（図9）の模刻があり、〈中嶋砦から山中を通って太子ケ根に至り、信長本陣にした〉となっており、昔考えていた通りの信長進路の史料が見つかり、わが意を得たと興奮して本格的に研究を再開することにした。

特に地元の蓬佐文庫・岩瀬文庫にある文献や『豊明市史』資料編二の『桶狭間合戦名残』などは地元で見聞きしたことが書かれているので貴重である。江戸時代中期に書かれた文献でも、今は残っていない古い記録を写しているので、地元の史料には重要な記述が多い。


平成になって世の中の説が変化してゆき、筆者としては受け入れ難い正面攻撃説が通説となって行くのを何とかしたいと考えていた。豊明史跡を無視する説が唱えられはじめ、名古屋市緑区桶狭間の古戦場公園が雑誌やテレビで報道されるようになってきた。

定年退職を機に執筆を開始したが、文献史料を読むと、学生時代から考えてきた筋書きを証明する史料がどんどん見つかった。考えが同じで地理も知っているので、難解とされる史料の意味がすぐに理解できた。

現在では桶狭間合戦を記した江戸時代末までの二百二十の文献を、本や原本の複写で手元に集めてあり、すべての史料を総合すると本書の説にたどり着いたのであるが、昔考えていたことと大きく違ってはいなかった。多くの史料がつながっていて、この戦を記録していたとわかった。

本書の説を頭に入れてから各文献史料を読むと、その史料が伝えようとする内容がよく理解できる。しかし正面攻撃説を信じてから文献史料を読むと、どの史料も一致していないことに気付く。甫庵『信長記』や『武功夜話』などはその説にとって不都合なことが書いてある。したがって『信長公記』以外の史料を参考にしてはいけないと主張される方がいる。古い文献史料はどれも貴重で、先入観念にとらわれずに読むべきと思う。

今回、文芸社の御好意で出版できたことに感謝申し上げる。

令和五年八月二十六日

太田輝夫

【参考文献】

『豊明市史』資料編補二桶狭間の戦い（『信長公記』『信長記』『松平記』『総見記』『塩尻』『桶狭間合戦名残』『天沢寺記』『張州府志』『蓬州旧勝録』『尾陽雑記』『桶狭間合戦縁記』『東照軍鑑』『関東下向道記』『桶狭弔古碑』『足利季世記』『定光寺年代記』『大脇村絵図』『桶狭間合戦記』『感興漫筆』『今川義元桶迫間合戦覚』『日本戦史桶狭間役』）（2002）

『続群書類従』（『厳助大僧正記』『今川記』『今川家譜』『織田系図』）続群書類従完成会

『朝野舊聞裒藁』（『三岡記』『桶狭間合戦記』『三州龍海院年譜』『三河東禅寺記』

『古今消息集』『落穂集』『奥平家伝記』『寛永久松佐渡守俊勝譜』）汲古書院（1982）

『道家祖看記』神郡周校注　現代思潮社（1981）

『伊東法師物語』国立国会図書館　内閣文庫

『春日山日記』三十巻本　史籍集覧

『井伊家伝記』内閣文庫　岡崎図書館

『中古日本治乱記』山中長俊著　蓬左文庫

『桶狭間合戦申伝写』蓬左文庫

『水野勝成覚書』内閣文庫

『藩士名寄』（『松井家系譜』）蓬左文庫

『成功記』徳川義直著　蓬左文庫

【参考文献】

『源敬様御代御記録』徳川黎明会
『桶峡間図』蓬左文庫
『桶狭間古戦場之図』国立公文書館（『塩尻』三十五巻本十七巻）
『桶狭間古戦場之図』西尾市岩瀬文庫
『桶狭間之合戦絵図』細井平洲作　個人蔵
『岡崎領主古記』西尾市岩瀬文庫
『三河後風土記』平岩親吉著　愛知県図書館
『三河後風土記正説大全』中山和子翻刻　新人物往来社（1992）
『改正三河後風土記』原書平岩親吉著　成島司直改編　秋田書店（1976）
『張州雑志』影印本　愛知県郷土史料刊行会（1975）
『東海市史』資料編三　新編細井平洲全集（1979）
『愛知県史』資料編14（『信長公記』天理本・熱田大宮司千秋家譜）（2014）
『籠城中岡崎中分間記』新編岡崎市史（1983）
『常楽寺五百年誌』榊原是久編（1987）
『袂草』名古屋叢書第二十三巻（1982）
『尾州村木捕手城責聞書』東浦町誌　資料編3（2003）
『知多郡桶廻間合戦申傳之覚』大脇の歴史（2003）

『尾張名所図会』愛知県郷土史料刊行会（1970）
『東街便覧図略』高力猿猴庵著　名古屋市博物館（2019）
『尾参郷土史』（『尾参宝鑑』小菅廉ほか編）歴史図書社（1980）
『中世熱田社の構造と展開』藤本元啓著　続群書類従完成会（2003）
『藤田学園保健衛生大学創設記』藤田啓介著　アセンブリ書店（1989）
『織田信長文書の研究』高野高広著　吉川弘文館（1969）
『回想の織田信長』（フロイス『日本史』）松田毅一ほか編訳　中公新書（1973）
『織田信長事典』（谷口克弘、藤本正行）ほか　新人物往来社（1989）
『信長の戦争』（信長の戦国軍事学）藤本正行著　講談社学術文庫（2003）
『武功夜話』『武功夜話拾遺』吉田蒼生雄訳　新人物往来社（1987）
『墨俣一夜城築城資料』大垣市教育委員会（2009）
『偽書「武功夜話」の徹底検証』勝村公著　批評社（2008）
『新説戦乱の日本史』10　桶狭間の戦い　小学館（2008）
『歴史読本』「信長記の大研究」新人物往来社（2007・8）
『歴史研究』592号「沓掛城の新発見」太田輝夫著（2011）
『歴史研究』632号「信長家督相続は十六歳」太田輝夫著（2015）
『歴史研究』652号「徳川家康は源氏の末裔」太田輝夫著（2017）

【参考文献】

『桶狭間合戦奇襲の真実』新人物往来社　太田輝夫著（２０１２）
『奇計桶狭間合戦の真実』太田輝夫著　ジーピーセンター（２０１６）
『郷土文化』70巻1号「真実の桶狭間合戦」太田輝夫著（２０１５）
『郷土文化』70巻2号「佐久間信盛追放の真相」太田輝夫著（２０１６）
『郷土文化』71巻2号「徳川家康の出自は源氏」太田輝夫著（２０１７）
『郷土文化』73巻2号「織田信秀の没年」太田輝夫著（２０１９）
『郷土文化』75巻2号「桶狭間合戦　信長の進軍経路」太田輝夫著（２０２１）
『郷土文化』76巻1号「今川家元家臣之内密実記」太田輝夫著（２０２１）
『郷土文化』77巻1号「桶狭間合戦での家康の行動」太田輝夫著（２０２２）

※明治末期頃の写真は、所有者のアルバムから複写させてもらったものを使用。明治末期から大正初期にかけて鳴海町相原にあった写真館「山水軒」の村井安太郎氏（号素山）が撮影した写真。
※断わりのない写真は筆者撮影。
※イラスト、新作の図は筆者作成。

著者プロフィール

太田 輝夫（おおた てるお）

1943年愛知県生まれ　大府市在住
金沢美術工芸大学卒業　工業デザイナー
名古屋の会社に勤務　2005年定年退職　歴史研究執筆開始
全国歴史研究会正会員
佐々成政研究会世話人
桶狭間合戦研究会代表世話人
とよあけ桶狭間ガイドボランティア理事
ふるさとガイドおおぶ顧問
2018年10月　歴史大賞功労賞受賞

【著書】
『桶狭間合戦 奇襲の真実』（新人物往来社/2012）
『奇計 桶狭間合戦の真実』（ジーピーセンター/2016）
『古代は二倍年暦 ニニギは徐福』（文芸社/2022）
『今川家元家臣之内密実記』（とよあけ桶狭間ガイドボランティア/2022）
【論文】
『歴史研究』13編、名古屋市『郷土文化』11編、『成政ファン』11編
『歴史読本』１編、『在野史論』１編（※2023・８現在）

信長の謀計　桶狭間合戦の真相

2023年11月15日　初版第１刷発行

著　者　太田 輝夫
発行者　瓜谷 綱延
発行所　株式会社文芸社
〒160-0022　東京都新宿区新宿1－10－1
電話　03-5369-3060（代表）
03-5369-2299（販売）

印刷所　株式会社平河工業社

ISBN978-4-286-24622-2